外/汇/交/易/狂/人/丛/书

5分钟
动量交易系统
THE SECRETS OF TOP 25 TRADERS
25位顶尖外汇交易员的秘密 ①

★全力打造外汇日内短线交易的非凡利器 ★为国内当冲高手提供卓越的外汇交易策略 ★演绎一门基于科学之上的交易艺术 ★向你展示充满辩证哲学的动量交易技术 ★简捷而高效地融贯交易策略与交易工具

关天豪 魏强斌 Bull 王 浩◆著

经济管理出版社
ECONOMY & MANAGEMENT PUBLISHING HOUSE

图书在版编目（CIP）数据

5分钟动量交易系统/关天豪等著. —2版. —北京：经济管理出版社，2016.1 （2021.10重印）

ISBN 978-7-5096-4054-8

Ⅰ.①5… Ⅱ.①关… Ⅲ.①外汇交易—基本知识 Ⅳ.①F830.92

中国版本图书馆CIP数据核字（2015）第268113号

组稿编辑：勇　生
责任编辑：胡　茜
责任印制：黄章平
责任校对：王　淼

出版发行：经济管理出版社
　　　　　（北京市海淀区北蜂窝8号中雅大厦A座11层　100038）
网　　址：www.E-mp.com.cn
电　　话：（010）51915602
印　　刷：唐山玺诚印务有限公司
经　　销：新华书店
开　　本：720mm×1000mm/16
印　　张：12.75
字　　数：165千字
版　　次：2016年1月第2版　2021年10月第4次印刷
书　　号：ISBN 978-7-5096-4054-8
定　　价：48.00元

·版权所有　翻印必究·

凡购本社图书，如有印装错误，由本社读者服务部负责调换。

联系地址：北京阜外月坛北小街2号

电话：（010）68022974　　邮编：100836

丛 书 主 编：魏强斌

丛书编委会名单：

关天豪　林　峰　叶　晋　骆家承　马　雷
黄凯萧　伍京西　赵碧波　欧阳冶　匡　震
李　栋　钱伟胜　吴佳佳　周懿昆　张伟洌
刁西城　况　询　文意远　鲁世平　王　浩
万名阳　董　浩　王荆楚　李绍辉　何　智
萧少东　BULL

丛书总序

25位顶尖外汇交易员的秘密——科学地交易

国外权威的外汇交易刊物上刊登了一篇实证研究文章,其中一个重要结论是:在学习交易的阶段,90%的交易者亏光了一个以上的账户,而剩下10%的交易者则亏到接近破产的程度。看到这里,你一定大吃一惊。为什么交易如此难以学会,以至于不经历重大的亏损就无法掌握。并不是人们智商不够高,事实上,愿意从事金融交易的人智商至少也是中等,那么他们为什么还要花上这么多的学费呢?最为根本的原因是,他们没有学习过"科学地交易",他们认为交易基本有赖于天分,最多是看上一两本相关书籍就能学会。其实,市面上绝大部分的书籍都是非交易人士写的,千篇一律,拿外汇书来讲,就是先讲外汇和外汇市场的定义、币种有哪些、外汇交易的形式,接着就把约翰·墨菲书中那些西方技术图形介绍一遍,加上些"不要恐惧和贪婪"的"狗皮膏药"。正是这些行外人士写的外汇交易书籍误导了绝大部分的初学者,初学者因此形成了如下错误观念:

所谓正确的外汇交易方法就是那些能够保持胜率在80%甚至95%以上的方法;

所谓正确的外汇交易方法就是那些能够在半年内将1000美元变成10万美元的方法;

所谓正确的外汇交易方法就是那些准确预测到汇率的最高点和最低

点的方法；

所谓正确的外汇交易方法就是那些在电视和网络上大肆宣传、高价出售的方法。

正是这些商业鼓动使得外汇交易的初学者们将交易看得过于容易。交易是简单的，但是并不容易。交易是科学，不是炼金术。你需要学习的是如何科学地交易。

不少读者也许看过我们出版的《外汇交易进阶》和《外汇交易圣经》等比较综合的书籍，看过这些书籍后你会对外汇乃至黄金的交易理念和手法有比较完整、深入的认识和掌握，但是也会使你产生新的疑惑，那就是如何将这些理念和手法用在具体的交易过程中。在本套丛书中，我们以提供具体、有效、可操作的外汇交易方法为宗旨。

交易首先是一门科学，其次才谈得上是艺术。很多外汇交易书籍之所以显得无用，最为主要的原因在于它们过多地宣扬了交易"艺术的一面"。如果外汇交易是一门艺术，那也用不着太多的笔墨和理论来介绍。如果这些书籍是真正做交易的职业人士所写，断然不会提出如此谬论的。其实，即使是像书法、雕塑、绘画那样高度艺术化的技艺也体现着不少规则和规律。如果艺术完全是艺术，那么我们就无法对艺术做出评定，因为评定依赖于标准的存在，而标准则意味着某些公认的东西，一旦存在这些公认的准则，那艺术也是建立在科学的基础上的。所以，就我们的实际交易经验而言，交易是一门建立在科学上的艺术。对于初学者而言，我们强调交易科学的一面；对于交易老手而言，我们会提醒他交易艺术的一面。在本书中，我们着重强调的一点是如何科学地进行外汇和黄金的交易。

现在，中国内地关于外汇交易的书大概有140种左右，而且还在以每年翻一番的速度增长，但是我们发现这些书籍有一个共同的特点：着重于基础定义、基础知识和基础理论。其实，这样的书看一两本好的就足够了。我们推荐《外汇交易进阶》和《外汇交易圣经》，如果你想对其中的某个专项领域有更深入的学习和掌握，则可以阅读"帝娜私人基金实战丛书"的其他书籍。不过，可以坦诚地说，这种倾向于理论的外汇交易书籍对于一个新手介入外汇市场而言并不够。这是由外汇交易的本质决定的，外汇投机交易不是建立在外汇理论的基础上，而是建立在对"进场和出场"的完整掌握上。如果一本外汇书没有告诉你什么时候进场、什么时候出场，那么这本外汇书就没有告诉你关于交易的可操作方法。

一个完整的交易方法必然涉及进场点和出场点的决定，而一个高效的外汇交易方法则必然是正期望值的外汇交易系统。那么，从哪里去寻找这样完整和高效的外汇交易系统呢？答案是从那些长期获利的交易者身上寻找。但是，并不是每个成功的外汇交易者都有时间、精力和意愿来分享其交易秘诀。同时，很多的交易秘诀也过于简单，使得读者会质疑其有效性，毕竟不少入门级的交易者总是将一个有效的外汇交易系统想象得过于复杂。

为了将那些仍被职业外汇交易者使用的有效系统介绍给大家，我们出版了这套丛书。其实，真正成功的外汇交易方法不多，但也不少。说不多主要是从比例上而言，说不少主要是从绝对数量上而言。"周规则"是一个被广泛传播的有效交易系统，其根本原因在于不少人热衷于高胜率的系统，比如胜率在90%以上的系统。其实这类系统的长期回报率都很差，原因在于很差的风险回报率，还有一个不可忽视的原因是人类的天性对交易过程的干扰。人类的天性倾向于"截短利润，让亏损奔腾"，长期下来势必平均亏损远远大于平均盈利，人类的天性导致很少有人能够坚决执行有效系统的交易信号。由于这些原因，一个有效的外汇交易系统即使被广泛传播也不会得到广泛使用。你知道它，但很难执行它，不是因为它复杂，而是因为你缺乏相应的意志力。

在本套丛书中，我们将介绍海内外25位职业外汇交易人士的外汇短线交易方法，这些人绝大部分使用了化名，但是这无损于方法本身的效率和可靠性。当然，有些涉及经验和个性的细节可能没有完整地述及，我们只能尽量避免这类问题。需要补充的一点是，本套丛书提供的方法只是作为参考，没有一个适合任何人的普遍方法，最终的盈利还有赖于情绪控制和个性化改良。一个比较负责的说法是：按照你对本书的个人化理解和特定理解程度并不能保证你绝对盈利，但是，可以保证的是，你能够比不采用这些科学交易方法的时候做得更好！

作　者

2009 年 2 月 28 日

读者赞誉

书不错，对交易经验丰富的交易员来说可谓轻车熟路，生手要多看几遍，对短线交易提升大有帮助。

——zhyzi

这本书介绍的理论很是值得一看，对于把握趋势的朋友有帮助，书中对于一个进场点、两个出场点以及出场的方式都有详细的介绍，如果认真学习斟酌，一定会对你日后的交易产生重大的影响。此书值得一看！

——萧领

一本有意义的书，非常不错！

——GOLDR

这种书很适合初学者，也可以说是返璞归真吧。

——Allen

系统、简洁、科学，值得推荐！实际应用时MACD迟钝，建议将参数改为6，13，6（原参数12，26，9），这样用起来捕捉的买卖点比较精确，均线直接以20简单移动平均即可，注意参考多周期看盘。以上参数是我经过几百笔实盘验证有效的，并且一直在使用，方才敢于献丑推荐，请读者务必先模盘练习，经过至少3~6个月再进入实战，祝大家好运。

——海岸

非常好，很实用，通俗、易懂。

——Baitaofx

不可能每次都对，但是很好了。

——海贼

一个交易系统，告诉你进场位置、何时加减仓，以及止损位置，值得一读！

——蓝脖子

不错的书。尽管暂时不会涉及外汇炒作，但动量交易的理念和相关技术，对于股指和商期都有很好的借鉴作用！

——静静地流淌

内容简单、易懂，书中提到的很多指标需要细细品读，很重要。

——焱焱冰冰

简单实用的日内模式，能够保证接近五五开的胜率，作为入门已经足够用了。

——爱管闲事的

很不错的一本书，内容写得很好，颇有启发。

——jyhnt

这本书浅显易懂，操作性强，盈利能力也可以。按照书上的系统实战，可以帮我们建立一种盘感，对行情的走势和变幻有一个比较好的把握。在使用时如果配合蜡烛图技术和趋势分析，盈利会更多。

——风中之烛f

书蛮精彩的，是很好的一本书，值得一看。

——赌王富翁

对分时图等的讲解非常详细，适合新手学习，可以很快提高操盘水平。

——万水千山7

书的内容很好，对我来说受益匪浅。

——冥蝶月

读者赞誉

一般交易方面的书我是不买的，这次有针对性地买了这本书来看看。

——慕雪萧灵

实用价值比较高，真的很不错的一本书，值得一看。

——许许123

值得看，实用。

——金融炼金师

一套简单实用的系统，用于其他周期也是可行的。

——Coffe

和大多数网友评价的一样，值得一读。

——murls

这是一本好书，立志成为交易员或操盘手的人要多多阅读，并反复研究，再加上实操，定能成就所想。

——一成

书不错，傻瓜式操作，但是要用心。

——kcsj1

短线操盘的好帮手，金融交易的实战工具。

——投机客ABC

是这样的，这本书了我看了两遍，随后我也按照作者介绍的系统对半年的历史数据进行过验证。我发现如果仅是完全照搬这本书上的系统，最终还是盈利的，可以肯定的是作者的这个系统是一个好的系统。但是本书的作者有所保留，隐去了5分钟动量交易系统的一些必要的约束条件，如这个系统每天都要发出很多的进场信号，有些交易信号是有效的，有些是次有效的，还有一些是虚假信号，如果我们通过加入其他约束条件规避了这些虚假信号，那就真的是让利润奔腾了！再次肯定的是作者的系统是一个好的系统，但是需要我们自己去完善！

——wangzhouling

简单有效的一个系统，如果能结合四小时布林线的支撑与压力线来操作更佳。

——david

虽然时间框架很短，与我的不同，但是作者的思想还是有可借鉴之处。

——Rocky

拿来后细读了，交易策略稳扎稳打，整本书叙述的交易理论很少，观点明确，然后一一细化地分解开来，有些啰唆，重在反复强调中，如果能成功运用了，长期盈利指日可待！有待结合自身加以实践。还有一点，震荡走势书中没有提及，估计是不太适用于震荡。

——潇洒六六

作者给出了一个交易系统的思路。如书中所说，没有一个所谓的到处可用的圣杯，必须结合各种情况来过滤虚假信号，而且一个机械系统能有70%的成功率就不错了，关键是失败时的止损策略。

——三叉戟2

《5分钟动量交易系统》很不错，有指导意义。

——小伞

看过了《5分钟动量交易系统》，总体来说还是不错的。老关给大家提供了一种操作手法，关键是看大家怎样来用它。我个人认为效果还可以，当然具体的时候，会有许多问题出现。可能把5分钟动量交易系统运用到不同的时间框架下，这样的效果就会更加可靠。

——葫芦娃

动量就是k线的力度，用动量系统的朋友首先要看5分钟图——这是入场和出场的首要条件，也是这个系统的规则。然后你要同时看15分钟图、30分钟图、1小时图、4小时图、8小时图，甚至日图。为什么要看？这是这个系统的精髓之处。动量中的量不会固定出现在一个时间框架里面，这个和市场的随机性有关，但量的端头我们可以通过这些时间框架得到。这个短线系统有时间区域的局限性，你最好在欧洲开盘后交易。这个时候的量会比较足，可以很好地帮助你获得利润。具体的规则书中都说得很清楚了，那么怎么判断入场点呢？这就是你们要思考的问题。我这里也谈一下，如果价格上穿20ema，出现了书中说的信号了，你要注意量的问题，这个量会在15分钟图、30分钟图、1小时图、4小时图、8小时图中出现。判断的依据就是在量启动之前一定要出现一根阳线（如果价格向20ema上穿），这根阳线的意思就是收盘价格要高于开盘价格。这就是尊重势的最好诠释，当然我在投机精髓里谈到，交易真正的东西是技术价格，如果把这个思路用到动量系统里也是一样的，一般动量启动之前的最低点或者最高点会走两次。细心的朋友会说难道这是2B定律？呵呵，就是这样的。如果能很好地体会我说的东西，这个系统已经可以帮助你赚到钱了。至于是多还是少，每个人的造化是不一样的，希望对大家有帮助。

——Eryk

照搬系统而没有一点自己的思考能赚钱确实不容易，书上告诉我们理论框架，内容要自己完善、自己悟！要明确我们自己的交易系统应该怎样建立，这本书给了很好的提示！

——我是交易员

前　言

外汇超级短线的速度之美

在认识像关天豪这样的超级短线客之前，我们对于这类交易的盈利能力持怀疑态度，因为这类交易会造成大量的交易成本，更为重要的是，频繁交易造成的情绪波动会反过来干扰交易过程本身，最终会导致灾难性的结果。不过，在深入接触这类交易者之后，我们发现了这样一个事实：超级短线提供了资本的周转率。不过单有极高的周转率并不能保证最终的盈利，更为重要的是需要维持合理的风险报酬率和合理的胜率，较低的点差水平也是必要的。所以，我们必须以一个近乎机械的交易方法来进行超级短线交易。而一个点差较低的外汇交易平台在目前是比较容易找到的。

一位权证高手从2005年11月开始到2007年末用几万元人民币赚到了几千万元人民币，他的交易风格完全就是超级短线，不过他与那些成功的波段和长线交易者一样，非常清楚"截短亏损，让利润奔腾"的重要性。通过严格的止损措施，他得到了一个合理的风险报酬率，同时由于这段时间内单边走势强烈，所以他交易权证的胜率大大提高了，又由于他极高的交易速度使得其资金周转率大大提升。当交易盈利的三要素——风险报酬率、胜率和周转率都得到提升时，其盈利能力就极大地增强了。当然，像这样的暴利机会极少，需要天时的配合和把握天时的能力。

我们在这里总结一下超级短线交易获利的前提。第一，无论一个交易系统采取的策略是什么，根据市场特性和统计规律，一个合理的风险报酬比是最为重要的，所以，控制亏损非常重要。如果一个超级短线交易系统不能在风险报酬率上显出优势，则长期绩效堪忧。第二，超级短线交易系统涉及汇率运动的极短周期，波幅有限，如果交易平台的手续费不够低的话，则该系统无法做到累计盈利。第三，超级短线进出非常频繁，如果市场的流动性不足，价位跳空行为过多则会极大地损害交易系统的效率，前面提到的那位权证高手之所以能够创造出惊人的盈利纪录，一个重要原因是权证市场有较充分的流动性。当然，流动性还要看投入资金的多寡，如果资金与市场相比显得过大，则很难利用超级短线交易系统。不过，对于本书的读者而言，外汇市场的流动性是足够大的，完全可以畅游和发挥。第四，交易者必须能够克服频繁交易中情绪波动的弊端，通常而言，这要求交易者的进场和出场条件要非常明确，同时交易者要具备执行这一交易系统的足够的意志力。

在本书中，我们关心的是怎么做到上面说的第一点和第四点，至于交易平台和经纪商的选择就是需要读者自己斟酌的事情了。在这里，我们还需要透露一点经验之谈，这是一个关键性的细节，对于超级短线客而言是必须要掌握的，那就是培养高度的自制力和超强的意志力，同时具有充沛的精力和高速的反应力。许多外汇短线客的交易做得一塌糊涂是因为他们被交易拖着走，每天疲于奔命。这群人的典型习惯是不喜欢运动，而且经常隔夜持仓，晚上没法睡，白天没精神，情绪波动很大，长期盯着汇率走势，经常做出事后感觉荒谬的决策。我也见过好几个不错的短线客，他们不持过夜仓，在交易和休息上处置得当，每天通过长跑来放松神经，同时提高情绪控制力。他们的方法集中在两点上：坚持有规律的长跑和充分休息。

短线交易是一门基于科学之上的艺术，科学的成分来源于概率论，而艺术的成分则来自于充分调动身心的力量。要做到后面这一点最为重要的措施就是坚持每天长跑和充分休息。外汇超级短线的美妙之处等着你来感受，下面就开始分享和学习之旅吧！

再版前言

纯技术交易下的绩效反比曲线

《5分钟动量交易系统》（第一版）是在2009年3月出版的，出版后受到了读者的持续追捧。这本书是我个人的第一本书，也是唯一一本书，出版后也出现了跟风之作。我是个交易员，自然理论功底没有魏老师那么深，而且好的交易系统本来就不复杂，所以本书略显单薄和枯燥。但是，我深信，对于一个有志于从事金融市场交易的人而言，有效的系统比有道理的系统更为重要。一个系统是否有效并非与其复杂程度成正比，这是我们大家应该明白的。

本书介绍的这个系统是基于纯技术面的，大家想必都有所了解。我本人现在是多系统操作，其中有两个系统是基于纯技术面的，其中就有5分钟动量交易系统。除此之外，这两年来受到魏老师的启发，也开始利用驱动面和心理面对技术信号进行确认和过滤。为什么要这样做呢？其实就是本文标题所指——纯技术交易下的绩效反比曲线。这两年与魏老师接触后，获得了不少新的理念，在自己实践的过程中逐步体会到这些理念的有效性，其中最为关键的就是上面这条。

什么是反比曲线？就是"此消彼长"。具体而言就是胜算率和风险报酬比之间的替代关系。在特定的纯技术交易下，胜算率越高，风险报酬率越低，或者是风险报酬率越高，则胜算率越低。例如，如果你进行纯技术的趋势跟踪，那么你的风险报酬率较高，但是胜算率较低。又如，你进行纯技术的区间交易，那么你的胜算率较高，但是风险报酬率却不高。

只要你采用纯技术交易，就会存在这样的反比关系。那么，如何能够同时提高胜算率和风险报酬率呢？增加技术过滤条件和指标是徒劳的，只能通过驱动分析和心理分析来筛选机会。如果说驱动分析和心理分析属于"超边际分析"，那么技术分析属于"边际分析"。这就好比驱动分析和心理分析决定了"风险报酬率—胜算率"的概率分布曲线，而技术分析则是选择了具体的概率组合。

这就是我在出版《5分钟动量交易系统》（第一版）6年多后的一个较为重要的理念进步，这个进步目前已经体现到了我的实际操作中。如何将这一理念融入原版的《5分钟动量交易系统》中，是我这几年一直在做的事情。这项任务并不难，但是需要一个方向，我个人觉得《外汇交易三部曲》中关于驱动分析和心理分析的部分可以作为一个很好的参考。当然，一人之见不能窥一斑而知全豹，大家还需要自己去琢磨，毕竟方向是有的了。

关天豪
2015年9月25日星期五

全书结构图和学习使用指南

本书的主题是"5分钟动量交易系统"。通过这一精绝的超级短线交易策略,我们可以获得不少的惊喜,当然也需要为此付出不少的代价,这是交易的本质,有所失才能有所得。图0-1是本书的组织结构,我们就结合图0-1来讲解如何利用本书掌握5分钟动量交易系统。

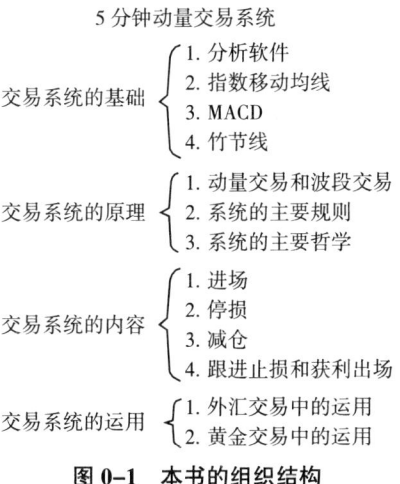

图 0-1　本书的组织结构

5分钟动量交易系统建立在MACD和移动平均线的基础上。要深刻理解"动量"二字的含义,就要知道MACD的设计思想,这个指标是均线差的度量,反映了价格加速度的变化状况,比尔·威廉姆的混沌操作法中的AO和AC指标的设计思想也与此类似。只有动量指标对于一个短线动量交易系统而言并不够，还需要一个趋势指标，比尔·威廉姆用鳄鱼组线来完成这个目标。而在关天豪的5分钟动量交易系统中则采用指数移动均线来达成这个目标。我们觉得关天豪的这个系统背后的终极思想与比尔·威廉姆一致，只是关天豪的系统更为简单，这对于短线交易是非常必要的。另外，威廉姆的系统在外汇日内交易的使用效果不是很好，这可能是因为日内波动比较剧烈，鳄鱼组线反应比较迟缓，但是关天豪的5分钟动量交易系统则是非常适合外汇的短线交易系统。

5分钟动量交易系统建立在少数几条原理的基础上。在本书的第二章我们将介绍动量交易和波段交易之间的区别，动量交易比较在乎一个正确的进场位置，而波段交易则比较在乎持仓是否恰当。在这个部分我们还会介绍5分钟动量交易系统的基本原则和背后的哲学，这些原则和背后的哲学也是我们需要掌握的，只有掌握了这些原理才能真正把握5分钟动量交易系统的实质精神，从而在外汇交易中无往不胜。

在本书的第三章我们主要传授5分钟动量交易系统的具体内容。与第二章的"形而上"相比较，这部分主要介绍"形而下"的内容。任何一个交易系统都涉及"进场"和"出场"两个关键问题，但是不少交易者却往往忽略了"进场"和"出场"，他们关注的焦点是"汇价的走向"。第三章是本书的主题所在，也是本书的核心，不过只有充分理解了第一章和第二章的内容，并且洞悉第四章的实例，我们才能很好地把握第三章的内容。

在本书的第四章，我们将5分钟动量交易方法用于实践，希望能够起到抛砖引玉的作用。无论是外汇杠杆交易还是黄金杠杆交易，在运用5分钟动量交易系统时的要点都是一样的。在此部分中，我们将介绍几大直盘货币和黄金交易中的5分钟动量系统示范。我们在学习这部分内容的时候一定要注意从"进场"和"出场"两个步骤去揣摩，更为重要的是能够在实践中大胆地运用，先从模拟交易入手，然后根据资本大小和个性特点对系统加以调适,最终得到满意的交易结果。

综观全书,我们的主要思想浓缩在一点上:"位置比方向重要,动量比方向重要!"如果读者能够从"进场"和"出场"位置入手,从市场动量强弱入手,就能很好地理解本书的内容,进而掌握关天豪这套超短系统的精华,最终形成符合自己特点和情况的交易系统。

目 录

第一章 5分钟动量交易所需的技术分析 ………………………………… 1

 第一节 本系统采用的分析软件介绍 ………………………………… 2

 第二节 指数移动平均线（EMA）基础和运用 …………………… 14

 第三节 移动均线聚散指标（MACD）基础和运用 ……………… 24

 第四节 竹节线基础和运用 ………………………………………… 29

第二章 5分钟动量交易系统的原理 ……………………………………… 31

 第一节 动量交易和波段交易 ……………………………………… 32

 第二节 5分钟动量交易的规则和简单示范 ……………………… 35

 第三节 5分钟动量交易系统中蕴含的交易哲学剖析 …………… 38

第三章 5分钟动量交易系统的进出场操作方法 ………………………… 43

 第一节 进场的两个必要条件 ……………………………………… 44

 第二节 停损的设置 ………………………………………………… 47

 第三节 减仓 ………………………………………………………… 51

 第四节 跟进止损和出场 …………………………………………… 54

第四章　5分钟动量交易系统外汇交易的具体实例 ………………… 57

　　第一节　英镑兑美元的 m5 动量交易实例 ………………………… 58
　　第二节　欧元兑美元的 m5 动量交易实例 ………………………… 71
　　第三节　美元兑瑞士法郎的 m5 动量交易实例 …………………… 83
　　第四节　美元兑日元的 m5 动量交易实例 ………………………… 96
　　第五节　澳元兑美元的 m5 动量交易实例 ………………………… 104
　　第六节　美元兑加拿大元的 m5 动量交易实例 …………………… 114
　　第七节　交叉货币的 m5 动量交易实例 …………………………… 125

第五章　5分钟动量交易系统的具体黄金交易实例 ………………… 135

　　第一节　非美货币——黄金 ………………………………………… 136
　　第二节　5 分钟动量交易系统的黄金改良版 ……………………… 138
　　第三节　黄金的 m5 动量交易实例 ………………………………… 141

附录一　本书分析平台的官方使用指南和模板下载指南 …………… 153

附录二　520X Strategy Builder 对本策略的初步测试报告 ………… 155

附录三　本书增加部分：免费外汇交易编程课程指南 ……………… 161

附录四　读者对 5 分钟动量交易系统的实测结果 …………………… 165

附录五　筛选机会 ……………………………………………………… 167

附录六　5 分钟动量交易系统的期货和股市优化版 ………………… 171

第一章 5分钟动量交易所需的技术分析

本章将涉及四个方面的内容,这些内容是我们大家理解和掌握5分钟动量交易系统的基础和前提,也许不少读者已经对本章介绍的对象有所了解,但这并不代表你真正理解这些技术手段的实质所在。在学习技术分析手段的时候,我们需要明白其背后的隐藏前提,具体而言就是知道这项技术指标的"能力范围",知道什么情况下它是有效的、什么情况下它是无效的。

任何交易都需要基于一定的分析进行,分析工具的优劣会极大地制约分析的效率。有好的分析工具,不一定就有高效的分析结果,但是没有好的分析工具就很难得到高效的分析结果。对于特定的交易者而言,拥有更好的分析工具并不表明他能够胜过另外一个交易者,但是可以肯定的是,他一定能够胜过没有这套分析工具时的自己。在本章的第一节,我们要向大家介绍一个外汇交易的利器,那就是MT4.0平台,这是一个全世界运用最广泛的金融分析和交易平台,我们不推荐它作为你的交易平台,但是强烈推荐它作为你的分析平台。

5分钟动量交易系统不是一个逆势系统,关天豪本人也认为"顺势而为"是任何交易策略成功的关键,但是同时他也强调交易者一定要知道"如何做到"顺势而为。具体而言就是:"截短亏损,让利润奔腾!"那么如何做到这点呢?就5分钟动量交易系统而言,采用指数移动均线可以帮助完成这一任务。指数移动均线帮助交易者把握市场的方向,更为重要的是把握进场位置和出场位置。

除了利用指数移动均线，5分钟动量交易系统还利用了MACD这个指标。MACD指标通常被看作一个趋势指标，但是也有不少软件和理论著作将其看作是震荡指标。不过，在关天豪的这套5分钟动量交易系统中，他将其看作是一个动量指标。他说："这是一个非常棒的动量指标，虽然大众都知道这个指标，但未必能够恰当地运用它，如果你将它看作是一个趋势指标，那么在震荡走势中，你将吃尽苦头；如果你将它看作是一个震荡指标，那么在单边走势中，你也会郁闷不已。"在本章的第三节中，我们将介绍移动均线聚散指标，也就是MACD的基本含义和运用。

不少交易者习惯于采用蜡烛线图，还有极少部分交易者采用点数图，这些图表各有各的长处，不过如果你利用5分钟动量交易系统进行外汇和黄金交易，我们建议采用竹节线图，一个比较关键的理由是，竹节线图更为简洁，能够让你在单位面积中看到更多走势信息。5分钟动量交易系统不是一个复杂的系统，在外汇交易中能够简单就简单，多利用"奥卡姆剃刀"来简化自己的交易策略是每个交易员都应该努力去做的事情。

下面就让我们一起进入最为基础的部分。

第一节　本系统采用的分析软件介绍

在实际交易中，我们使用了很多分析软件，但是就性价比而言，MT4.0确实是最好的一款。它可添加很多指标插件，也可以进行自主编程和自动测试。MetaTrader系列是一种非常优秀的外汇看盘软件，分析、交易功能俱全，可以将多币种的盘面同时显示于屏幕，方便盯盘、了解市场资金流向。这是由MetaQuotes Software Corp.公司开发的第四代互联网交易平台。通过MetaTrader 4.0，可以在世界货币市场FOREX、股票市场和期货市场上交易。

MetaTrader 4.0 的流行性、随时完善性及不断的更新是其成为同种类产品中最优选择的条件，这也是大多数金融从业者选择 MetaTrader 作为分析市场及管理资金平台的原因。

通过选择语言，可以切换为非常友好的简体中文界面。安装时系统默认语言为英文，启动 MetaTrader，在"View"菜单栏中进入"Languages"，选择"Simplified Chinese"，关闭软件重新启动即可。

一、突出优点

（1）下单灵活、确保止损。不论是现价交易还是预设新单交易，都能同时设置止损价位和获利价位，真正确保第一时间设置止损订单。

（2）界面友好、交易直观。所有交易订单都能以直线方式显示于图表，交易一目了然。

（3）可以设置到价声音报警。可设置到达某个价位声音提示报警，不用担心交易机会错过。

（4）支持自编指标。可以将多年的经验总结编写成指标，并应用于图表。

（5）支持智能交易系统和内推检验。可以自己编写交易策略，关联真实账户，自动交易。

（6）图表分析功能亦非常强大。8 种画线工具、8 个交易时段、29 种技术指标，分析行情走势得心应手。

（7）占用资源少。文件大小不到 1.4M，安装之后不到 4M，与系统其他软件没有关联性，不依靠其他程序，可以独立运行，甚至可以把安装后的文件夹复制到 U 盘，带到其他电脑上运行，也支持代理，对网络带宽的要求相当低。

二、软件安装

通用下载地址：http：//www.metaquotes.net/files/mt4setup.exe。当然你也可以在谷歌和百度搜索出许多其他的下载地址，而且很多交易商提供的交易平台其实就是MT4.0，你也可以使用交易商提供的下载地址。下面是安装程序包的图示。

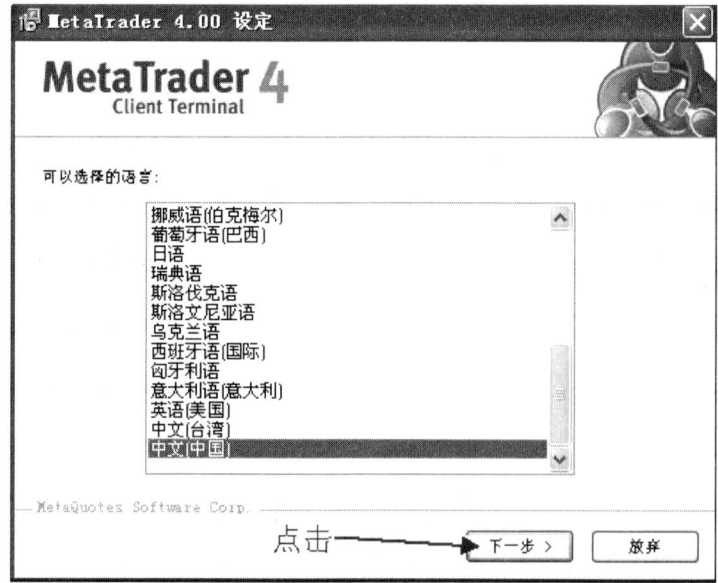

图 1-1-1

第一章　5分钟动量交易所需的技术分析

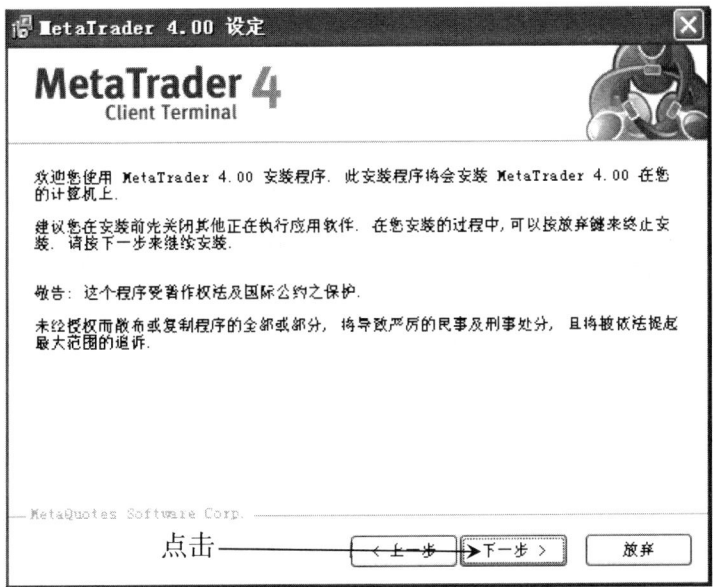

图 1-1-2

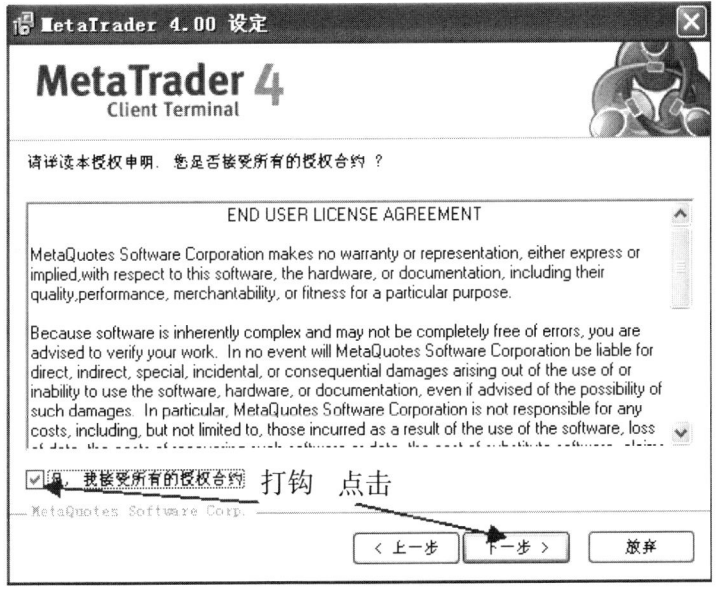

图 1-1-3

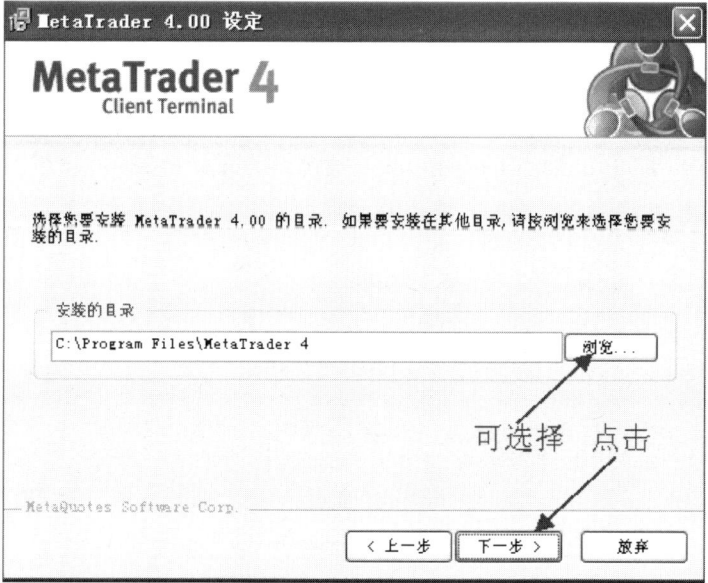

图 1-1-4

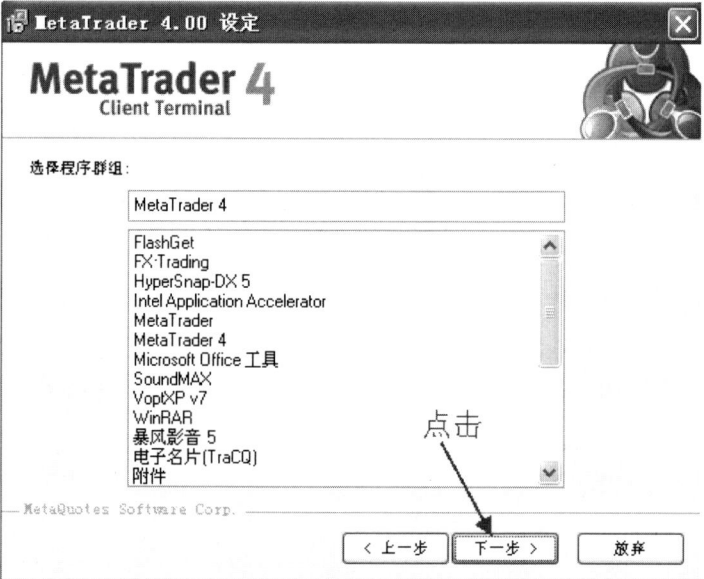

图 1-1-5

第一章 5分钟动量交易所需的技术分析

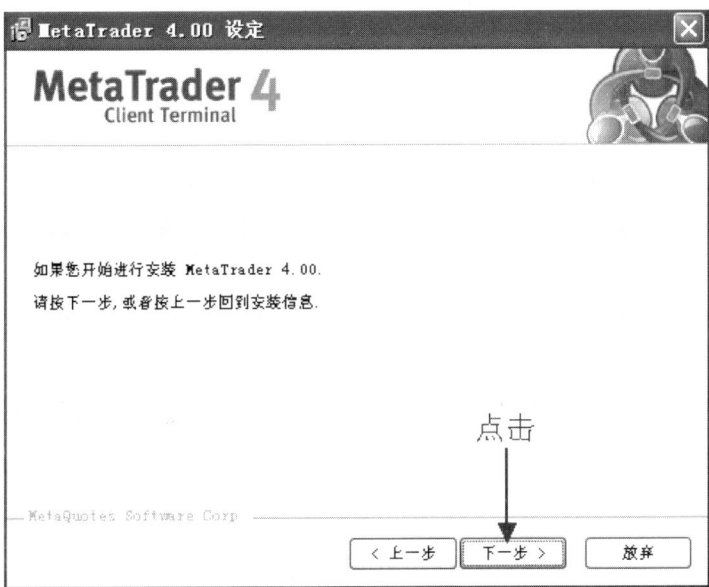

图 1-1-6

图 1-1-7

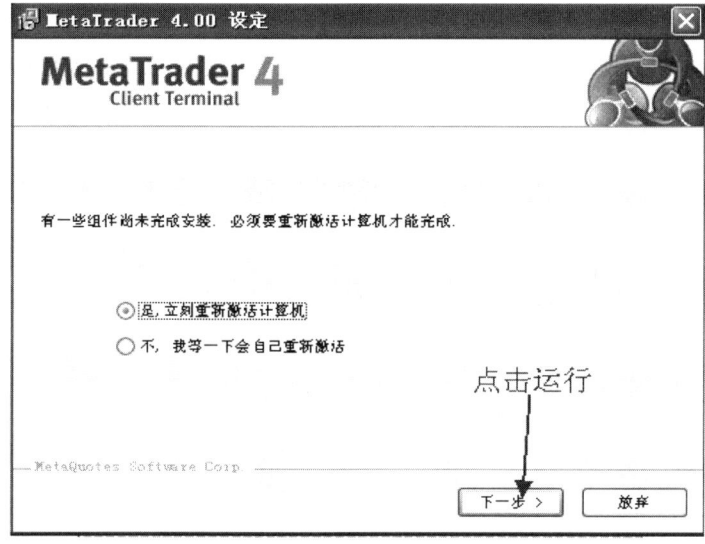

图 1-1-8

三、申请模拟账户

在你用真正的资金交易前,我们建议你开设模拟账户。模拟账户与真实的账户几乎没有差别,通过模拟账户练习,能使你:

(1)培养利用 MetaTrader 交易的实践技能。

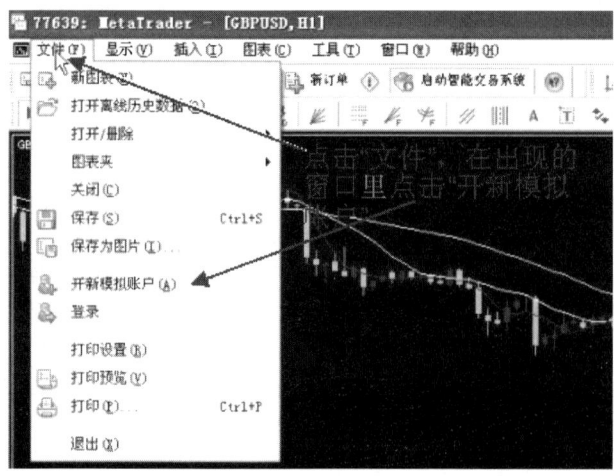

图 1-1-9

第一章 5分钟动量交易所需的技术分析

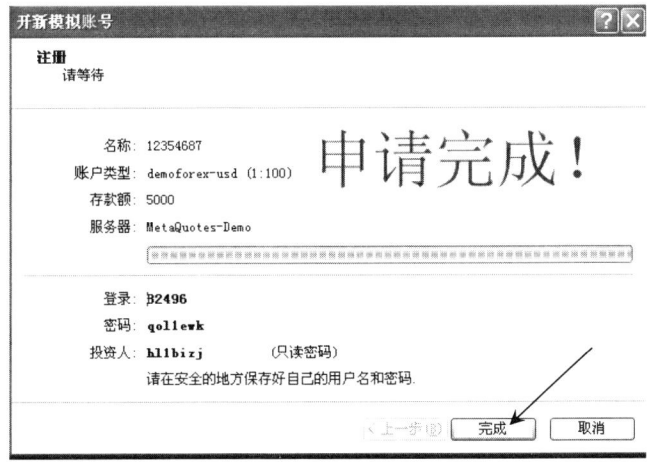

图 1-1-10

图 1-1-11

（2）掌握交易及下单技巧。

（3）学习交易中的基础及技术分析。

（4）掌握基础知识及技术分析技巧。

（5）可以在下载了 MetaTrader 4.0 后开设自己的模拟账户。

软件安装完毕后会自动运行，并且要求输入账号和密码。如果你是第一次运行，需要申请免费模拟账户。

四、功能概述

（1）技术指标方面。具有 29 种可修改参数的技术指标，另外，网上还有成千上万的新指标。

（2）图表类型方面。三种线型：柱状图（美国线）、阴阳烛（K 线）和折线（收盘线），当然如果使用一些指标，也可以得出点数图和三价线。

（3）八种时间框架。1 分钟、5 分钟、15 分钟、30 分钟图，1 小时图，4 小时图，日线图及周线图和月线图。

（4）八种画线工具。垂直线、水平线、趋势线和斐波纳契回调线（黄金分割线），等等。

（5）可选择的界面风格非常多，可以定制。黑底黄线、黑底绿线和白底黑线等。

（6）汇价预警声音提示。在"终端"区选择"警报"，在中间空白处点右键—设立警报—设置预警币种的价位和提示声音，当汇价到达预警位时将发出声音提示。例如：瑞士法郎设置 ASK<1.3470 限制 3 次超时 10sec，当价位到达 1.3470，10 秒后将报警 3 次，每次间隔 10 秒。

五、画面及指标设置

（1）为了画面的清洁，可以去掉网格。

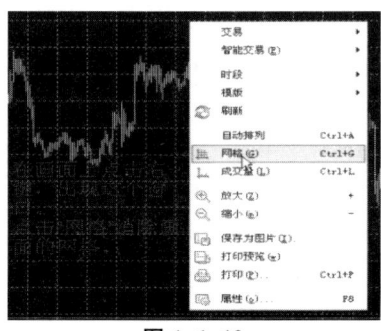

图 1-1-12

第一章　5分钟动量交易所需的技术分析

（2）寻找相应的品种。

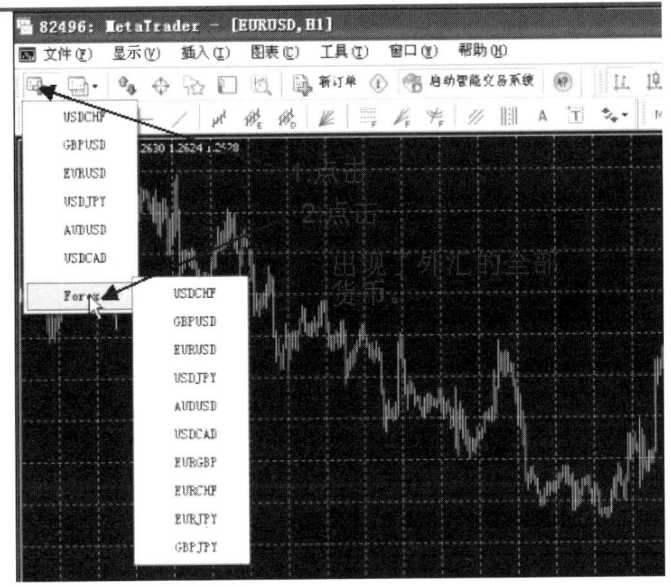

图1-1-13

（3）寻找指标。

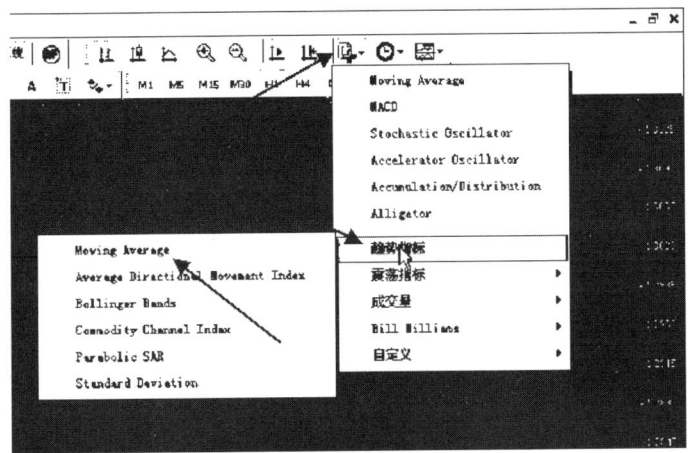

图1-1-14

— 11 —

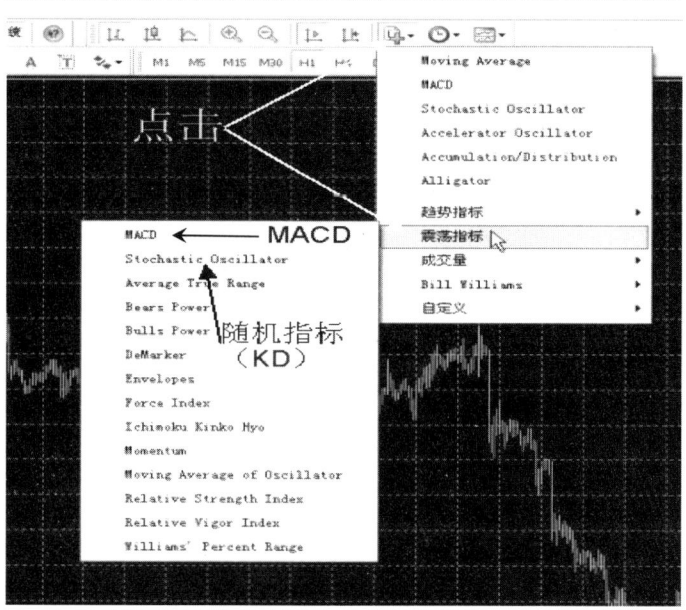

图 1-1-15

六、MT4.0中一些常用的快捷键

Ctrl+M：市场报价

Ctrl+N：导航

Ctrl+T：账号终端

Ctrl+D：数据窗口

Ctrl+G：网格

Ctrl+L：成交量

Ctrl+O：选项

Ctrl+F：光标变成十字精确形

Ctrl+Y：在图表上显示日期线

Ctrl+W：关闭当前图表窗口

+：图表放大

-：图表缩小

Alt+1：美国线

Alt+2：蜡烛图

Alt+3：折线图

F1：获得帮助

F2：历史数据中心

F3：全局变量

F4：MT 程序编辑器 MetaEditor

F5：图表窗口重绘

F6：交易系统测试

F7：交易系统参数设置

F8：图表主窗口属性

F9：订单

F10：弹出报价

F11：图表窗口全屏

F12：图表步进

←↑：图表向左移动

→↓：图表向右移动

上翻页：向前移动一屏的图表

下翻页：向后移动一屏的图表

HOME：移动图标到最前端

END：移动图标到最后

更多关于 MT4.0 的使用知识请登录 www.520fx.com 查阅和下载，这个网站为大家提供 MT4.0 使用说明、编程说明以及各类免费的 MT4.0 课程。

• 5分钟动量交易系统 •

第二节 指数移动平均线（EMA）基础和运用

为了安全起见，我们并不采用MT4.0作为交易平台，而仅仅把它作为分析工具。从本节开始，我们要向大家介绍5分钟动量交易系统的一些基本构件，我们以MT4.0平台作为背景，当然你也可以把这里介绍的内容照搬到其他分析平台和工具上。本节的对象是指数移动平均线，首先我们来看如何在MT4.0上调出这一指标。请看图1-2-1，这是MT4.0的操作界面，从导航栏中的"技术指标"中找到"Moving Average"双击。也可以从"插入—技术指标—趋势指标"调出这个指标。

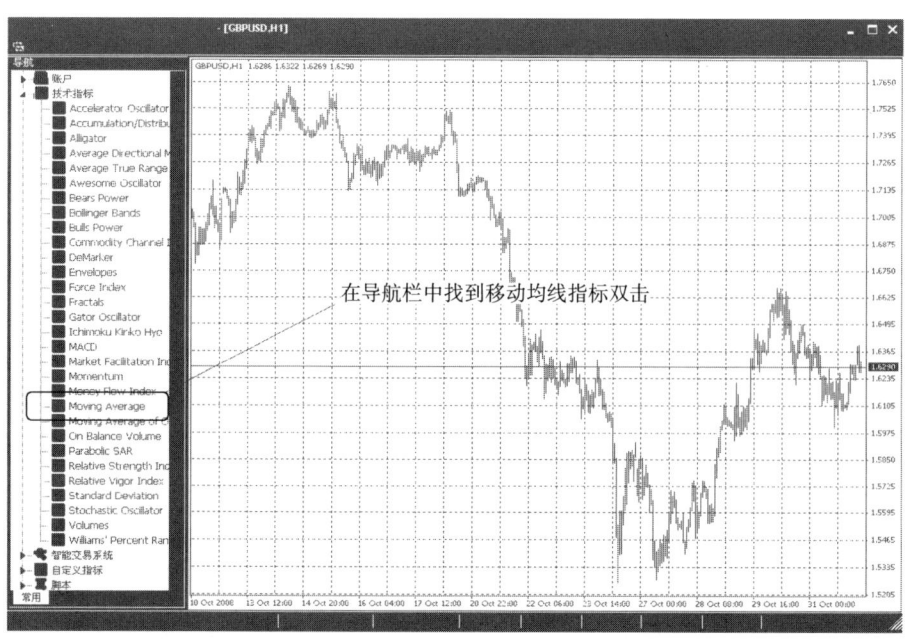

图 1-2-1

双击后，界面中出现了如图 1-2-2 所示的指标参数选择框。

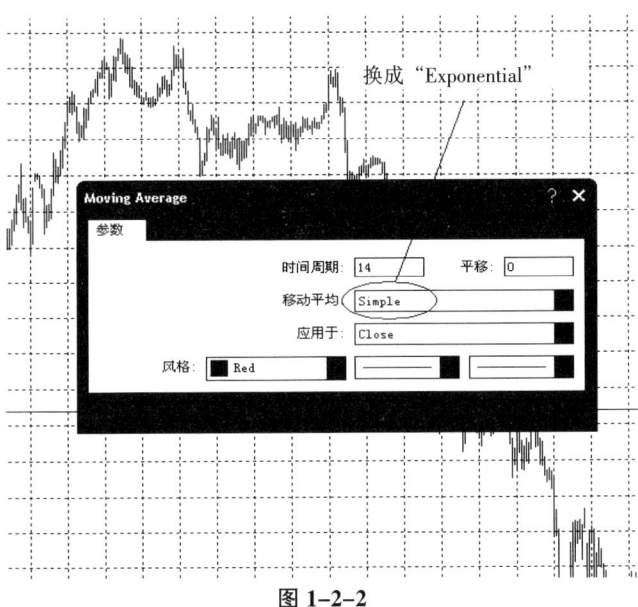

图 1-2-2

将移动均线的类型由"Simple"（简单移动平均线）换成"Exponential"，如图 1-2-3 所示。

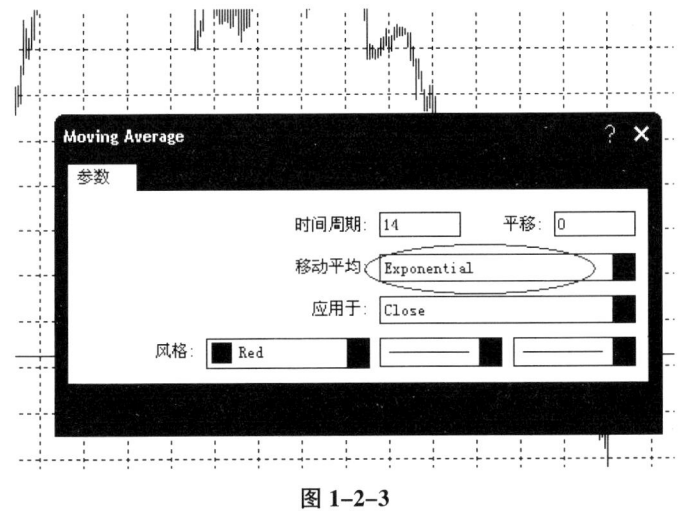

图 1-2-3

将时间周期由 14 改为 20，如图 1-2-4 所示。

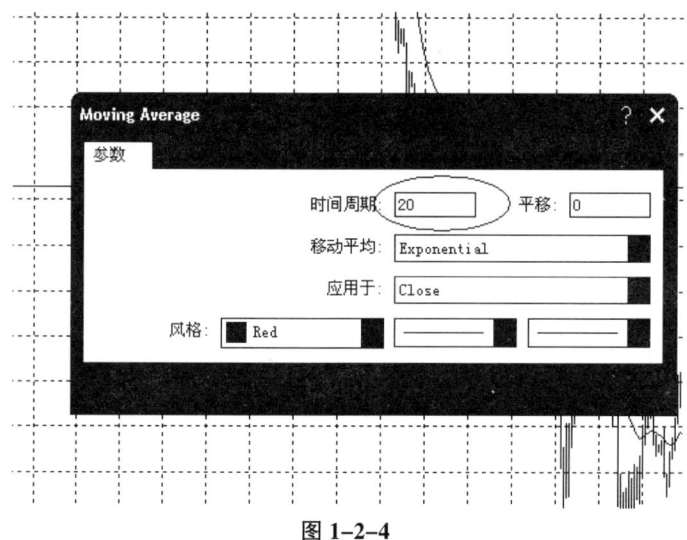

图 1-2-4

设定参数后，就可以点击确定了。我们在 5 分钟图上采用这一移动均线就得到如图 1-2-5 所示的效果。

图 1-2-5

关天豪就是利用 EMA（20）来把握趋势的。下面我们来解释为什么利用指数移动平均线而不是其他平均线来捕捉趋势。最常使用的两种移动平均线是简单移动平均线（SMA）和指数移动平均线（EMA），相对于 SMA 而言，EMA 对汇价波动更为敏感，其具体计算内容可以从网上查到。图 1-2-6 叠加了两种类型的移动平均线，可以直观地看到 EMA 的灵敏度比 SMA 更高，灵敏度对于动量交易者而言是极为重要的。

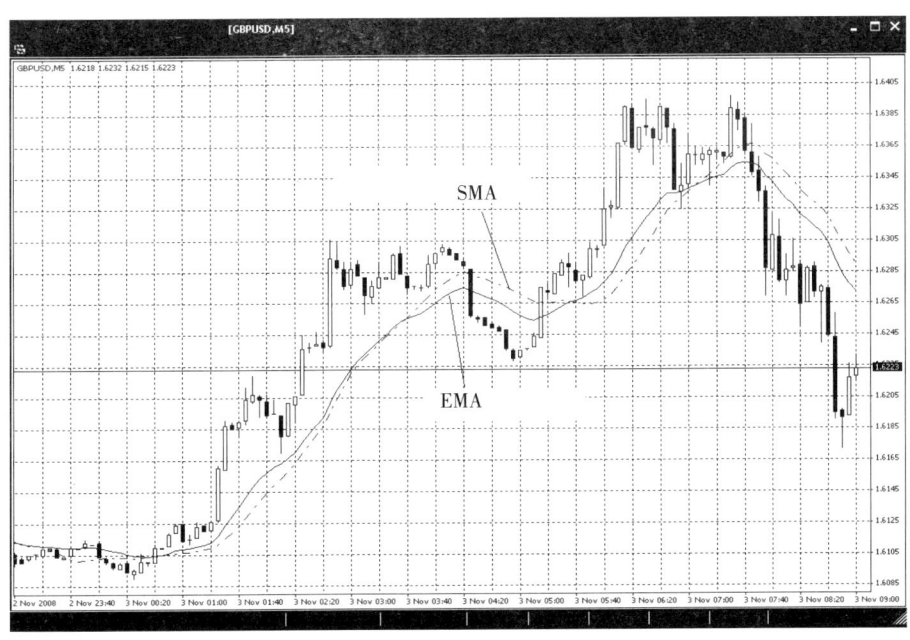

图 1-2-6

下面是 MT4.0 的移动平均线的指标源代码，想深入钻研该指标的读者可以认真看看，其中的语法结构与 C 语言类似。

EMA 代码：

#property indicator_chart_window

#property indicator_buffers 1

#property indicator_color1 Red

```
//---- indicator parameters
extern int MA_Period=13;
extern int MA_Shift=0;
extern int MA_Method=0;
//---- indicator buffers
double ExtMapBuffer[];
//----
int ExtCountedBars=0;
//+------------------------------------+
//| Custom indicator initialization function          |
//+------------------------------------+
int init()
   {
   int   draw_begin;
   string short_name;
//---- drawing settings
   SetIndexStyle(0, DRAW_LINE);
   SetIndexShift(0, MA_Shift);
   IndicatorDigits(MarketInfo(Symbol(), MODE_DIGITS));
   if(MA_Period<2) MA_Period=13;
   draw_begin=MA_Period-1;
//---- indicator short name
   switch(MA_Method)
     {
     case 1 : short_name=" EMA("; draw_begin=0; break;
     case 2 : short_name=" SMMA("; break;
```

```
      case 3: short_name=" LWMA("; break;
      default:
        MA_Method=0;
        short_name=" SMA(";
      }
      IndicatorShortName(short_name+MA_Period+")");
      SetIndexDrawBegin(0, draw_begin);
//---- indicator buffers mapping
      SetIndexBuffer(0, ExtMapBuffer);
//---- initialization done
      return(0);
    }
//+------------------------------------------+
//|                                          |
//+------------------------------------------+
int start()
    {
      if(Bars<=MA_Period)return(0);
      ExtCountedBars=IndicatorCounted();
//---- check for possible errors
      if(ExtCountedBars<0)return(-1);
//---- last counted bar will be recounted
      if(ExtCountedBars>0)ExtCountedBars--;
//----
      switch (MA_Method)
      {
```

```
        case 0: sma(); break;
        case 1: ema(); break;
        case 2: smma(); break;
        case 3: lwma();
        }
//---- done
    return(0);
    }
//+------------------------------------------------+
//| Simple Moving Average                          |
//+------------------------------------------------+
void sma()
    {
    double sum=0;
    int    i,pos=Bars-ExtCountedBars-1;
//---- initial accumulation
    if(pos<MA_Period)pos=MA_Period;
    for(i=1;i<MA_Period;i++,pos--)
        sum+=Close[pos];
//---- main calculation loop
    while(pos>=0)
        {
        sum+=Close[pos];
        ExtMapBuffer[pos]=sum/MA_Period;
        sum-=Close[pos+MA_Period-1];
        pos--;
```

```
        }
//---- zero initial bars
    if(ExtCountedBars<1)
        for(i=1; i<MA_Period; i++)ExtMapBuffer[Bars-i]=0;
    }
//+------------------------------------------------+
//| Exponential Moving Average                     |
//+------------------------------------------------+
void ema()
    {
    double pr=2.0/(MA_Period+1);
    int    pos=Bars-2;
    if(ExtCountedBars>2)pos=Bars-ExtCountedBars-1;
//---- main calculation loop
    while(pos>=0)
        {
        if(pos==Bars-2)ExtMapBuffer[pos+1]=Close[pos+1];
        ExtMapBuffer[pos]=Close[pos]*pr+ExtMapBuffer[pos+1]*(1-pr);
        pos--;
        }
    }
//+------------------------------------------------+
//| Smoothed Moving Average                        |
//+------------------------------------------------+
void smma()
    {
```

```
        double sum=0;
        int    i,k,pos=Bars-ExtCountedBars+1;
//---- main calculation loop
        pos=Bars-MA_Period;
        if(pos>Bars-ExtCountedBars)pos=Bars-ExtCountedBars;
        while(pos>=0)
          {
           if(pos==Bars-MA_Period)
             {
              //---- initial accumulation
              for(i = 0,k = pos;i<MA_Period;i++,k++)
                {
                 sum+=Close[k];
                 //---- zero initial bars
                 ExtMapBuffer[k]=0;
                }
             }
           else sum = ExtMapBuffer[pos+1]*(MA_Period-1)+ Close[pos];
           ExtMapBuffer[pos]= sum/MA_Period;
            pos--;
          }
        }
//+------------------------------------------------+
//| Linear Weighted Moving Average                 |
//+------------------------------------------------+
void lwma()
```

```
    {
    double sum=0.0,lsum=0.0;
    double price;
    int    i,weight=0,pos=Bars-ExtCountedBars-1;
//---- initial accumulation
    if(pos<MA_Period)pos=MA_Period;
    for(i=1;i<=MA_Period;i++,pos--)
        {
        price=Close[pos];
        sum+=price*i;
        lsum+=price;
        weight+=i;
        }
//---- main calculation loop
    pos++;
    i=pos+MA_Period;
    while(pos>=0)
        {
        ExtMapBuffer[pos]=sum/weight;
        if(pos==0)break;
        pos--;
        i--;
        price=Close[pos];
        sum=sum-lsum+price*MA_Period;
        lsum-=Close[i];
        lsum+=price;
```

```
            }
//---- zero initial bars
    if(ExtCountedBars<1)
      for(i=1;i<MA_Period;i++)ExtMapBuffer[Bars-i]=0;
    }
```

第三节　移动均线聚散指标（MACD）基础和运用

MACD实质上是双移动平均线分析系统的综合，通过两根期数不同的均线差值来分析市场的动量和趋势。MACD的分析方法主要是集中于金叉和死叉，比如信号线上穿0轴是空翻多，信号线下穿0轴是多翻空。在双线MACD中，两线的金叉和死叉也有大致类似的意义。

图1-3-1是MT4.0自带MACD指标叠加到行情界面后的式样，由于我们只采用MACD柱线的穿越信号，也就是动量信号，所以可以不必在乎是单线还是双线MACD。

由于不少外汇交易者是从内地A股市场转到国际外汇市场的，所以对双线MACD比较适应，图1-3-2就是双线MACD指标叠加到MT4.0行情界面后的式样。

由于双线MACD并不是MT4.0自带的指标，所以需要自己编辑和载入，双线MACD的代码附在后面。最后需要强调的是：如果外汇交易者以信号线作为主要行情分析工具，则主要是运用了MACD的趋势分析功能；如果外汇交易者以柱线作为主要行情分析工具，则主要是运用了MACD的动量分析功能。

第一章 5分钟动量交易所需的技术分析

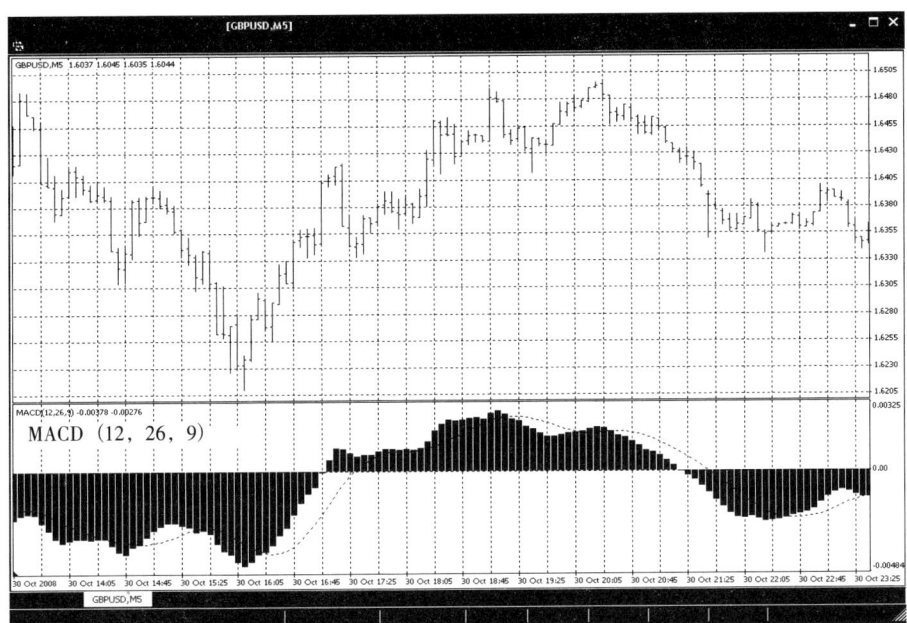

图 1-3-1

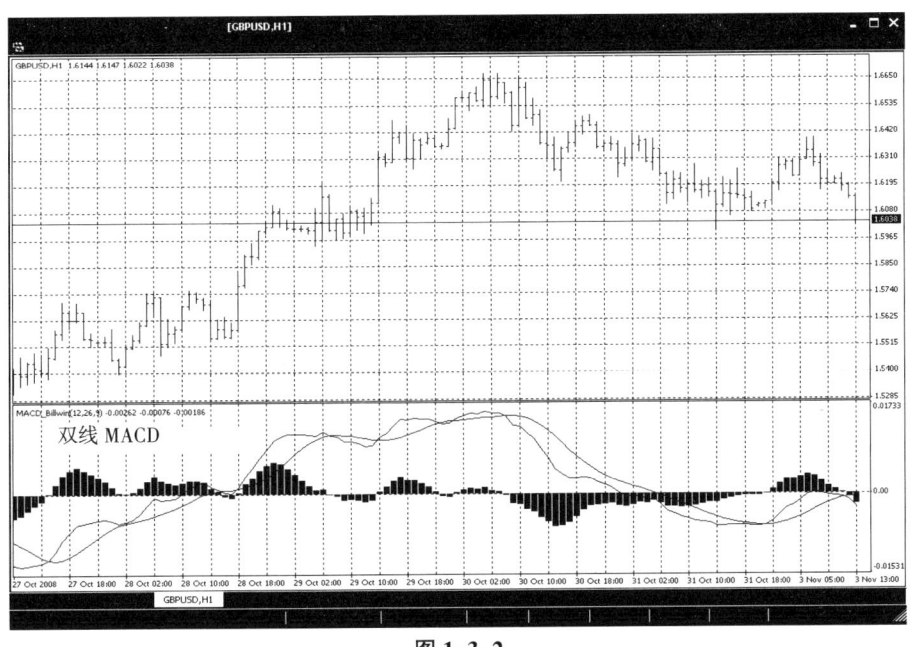

图 1-3-2

双线 MACD 代码：

```
#property  indicator_separate_window
#property  indicator_buffers 4
#property  indicator_color1  Blue
#property  indicator_color2  Red
#property  indicator_color3  Yellow
#property  indicator_color4  Green
//int indicator_color3;
//---- indicator parameters
extern int FastEMA=12;
extern int SlowEMA=26;
extern int SignalSMA=9;
//---- indicator buffers
double     ind_buffer1[];
double     ind_buffer2[];
double     ind_buffer3[];
double     ind_buffer4[];
double     temp;


//+------------------------------------------+
//| Custom indicator initialization function  |
//+------------------------------------------+
int init()
   {
//---- drawing settings
     SetIndexStyle(0,DRAW_LINE,STYLE_SOLID,1);
```

```
    SetIndexStyle(1,DRAW_LINE,STYLE_SOLID,2);
    SetIndexStyle(2,DRAW_HISTOGRAM,STYLE_SOLID,1);
    SetIndexStyle(3,DRAW_HISTOGRAM,STYLE_SOLID,1);
    SetIndexDrawBegin(1,SignalSMA);
    IndicatorDigits(MarketInfo(Symbol(),MODE_DIGITS)+1);
//---- indicator buffers mapping
    if(!SetIndexBuffer(0,ind_buffer1)
&& !SetIndexBuffer(1,ind_buffer2)&& !SetIndexBuffer(2,ind_buffer3)&&!SetIndexBuffer(3,ind_buffer4))
        Print("cannot set indicator buffers! ");
//---- name for DataWindow and indicator subwindow label
    IndicatorShortName("MACD(" +FastEMA + "," +SlowEMA + "," +SignalSMA+")");
    SetIndexLabel(0,"MACD");
    SetIndexLabel(1,"Signal");
//---- initialization done
    return(0);
    }
//+------------------------------------+
//| Moving Averages Convergence/Divergence         |
//+------------------------------------+
int start()
    {
    int limit;
    int counted_bars=IndicatorCounted();
//---- check for possible errors
```

```
    if(counted_bars<0)return(-1);
//---- last counted bar will be recounted
    if(counted_bars>0)counted_bars--;
    limit=Bars-counted_bars;
//---- macd counted in the 1-st buffer

    for(int i=0; i<limit;i++)
ind_buffer1[i]=iMA(NULL,0,FastEMA,0,MODE_EMA,PRICE_ CLOSE,i)
-iMA(NULL,0,SlowEMA,0,MODE_EMA,PRICE_CLOSE,i);
//---- signal line counted in the 2-nd buffer
    for(i=0; i<limit; i++)
        ind_buffer2[i]=iMAOnArray(ind_buffer1,Bars,SignalSMA,0,MODE_
SMA,i);

    for(i=0;i<limit;i++)
     {
     temp=1.3*(ind_buffer1[i]-ind_buffer2[i]);
     if(temp>0){ind_buffer3[i]=temp;ind_buffer4[i]=0;}
     else {ind_buffer3[i]=0;ind_buffer4[i]=temp;}
     }
//---- done
    return(0);
   }
```

第四节 竹节线基础和运用

西方交易者习惯使用竹节线，少数人也使用 OX 线和收盘价线，东方交易者一般常用蜡烛线。虽然尼森将蜡烛线介绍给了西方，不过蜡烛线仍然不是最主流的图表，其根本原因在于蜡烛线图有时候显得过于臃肿。相比蜡烛线而言，竹节线则显得更为简单明了，如图 1-4-1 所示。比较而言，蜡烛线

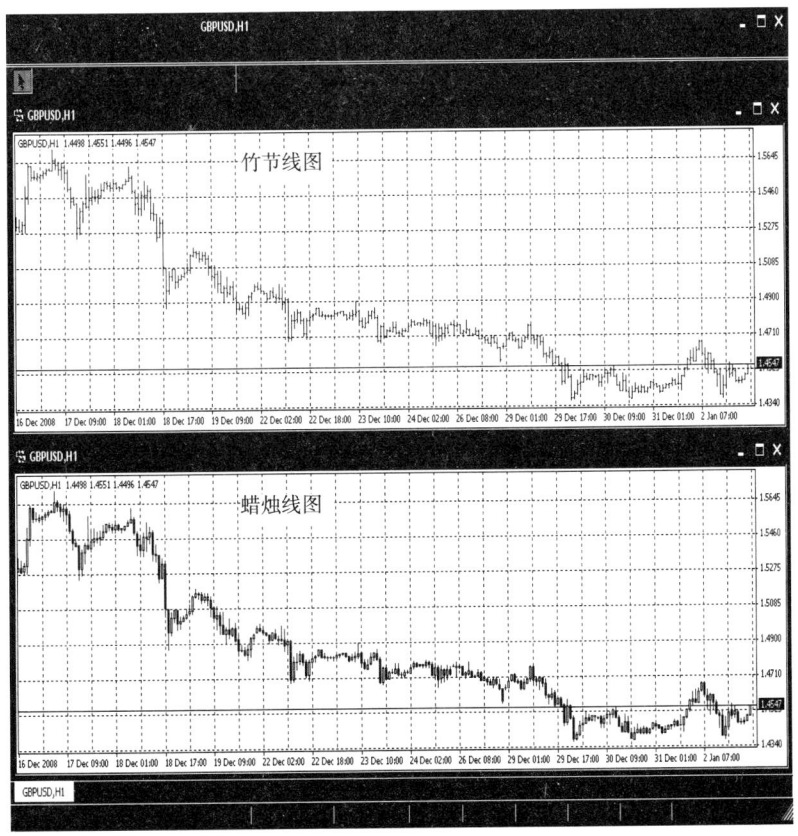

图 1-4-1

更注重探讨局部的力量对比，竹节线则更注重显示价格和时间本身的关系。

下面我们介绍一下竹节线的构成。竹节线由四个要素构成，与蜡烛线一样，最高价、最低价、开盘价和收盘价是一根竹节线的四个要素，如图1-4-2所示。

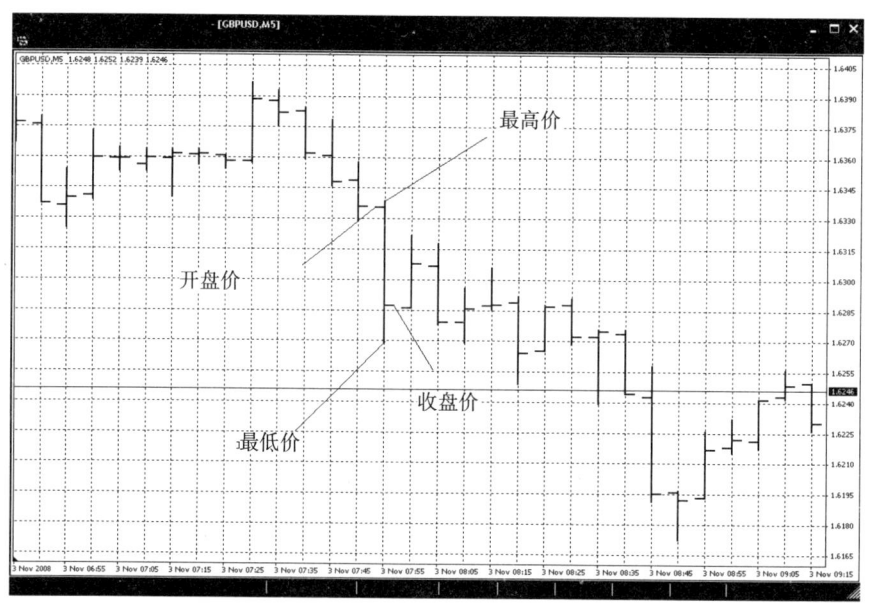

图 1-4-2

一个朋友喜欢每天抽出固定的一个小时来手绘期货市场的走势图，通过这样的习惯来培养"盘感"。他都是以竹节线来绘图，如果换成蜡烛线图，画起来会比较困难。他有这个习惯已经十年之久了，据说他的交易绩效能够不断提高就来源于此。竹节线图非常有序，也许这种有序能够帮助交易者形成有序的思维。

第二章　5分钟动量交易系统的原理

外汇交易是一门必须经过不断学习和实践才能精通的技艺，在此过程中交易者必须通过具体的技术来洞悉某些不变的原理，同时通过掌握某些不变的原理来驾驭具体的技术。外汇交易者必须学会判断一个具体行情走势下自己交易系统胜算的可能性，剔除那些胜率和风险报酬率不佳的机会，根据概率来分配仓位。

绝大多数外汇交易者都在赔钱，这些人肯定都有某些导致他们失败的共同因素，如果能规避这些因素，至少可以赔得没有他们那么惨。失败的外汇交易者最主要的共同点就是没有"系统"的交易方法。更为重要的是，他们从来不注重交易技巧背后的原理，只注重交易技巧本身。交易技巧的有效性往往是有条件的、短暂的、具有局限性，这些失败的交易者往往在这些不断变化的东西上追逐，最终事倍功半，绝大多数人没有找到盈利的方法。

盈利的方法只有一种，那就是符合你的个性、资金条件和所处环境，符合市场和品种特点，符合交易基本原理的方法。如果一个方法不能做到这"三个符合"，就不能称为一个盈利的方法。要找到一个具备"三个符合"的交易方法，至少需要3年的时间，这还是对那些运气和才智皆属于上乘的人而言。

"阅读对于交易确实有帮助，但经验却是更好的老师"，这是我们送给本书读者最重要的一句话。第二句比较重要的话是："如果你仅仅满足于技巧本身,你永远无法登堂入室,成为盈利的外汇交易者。""周规则"被证明是能够盈利的方法,"海龟交易法"也是,但是为什么只有少数人能够驾驭它?这个问题值得本书读者去深思,不要追求所谓的秘诀,一切都在踏实和平淡的自我实践中。

本书可以很容易地告诉你如何正确交易,怎样识别概率最优的交易机会。但是,我们不可能告诉你如何面对亏损,如何保持一个正确的交易心态。只有你将钞票投入到外汇市场中去,才能获得"心性上的历练"。交易本身可以通过模拟来提高,但是却不能通过模拟和阅读来达成。

归纳而言,我们在这里要大家记住两条:第一,书本不能代替实践;第二,技巧不能代替原理。本章主要包括三个方面的内容:动量交易和波段交易的区别,5分钟动量交易的规则和简单示范以及5分钟动量交易系统中蕴含的交易哲学剖析。下面我们就来分别叙述。

第一节 动量交易和波段交易

动量交易者信奉"久则钝兵挫锐,屈力殚货"的兵家圭臬。失败的动量交易者往往只看到很多没有回调的上升走势,所以他们往往会成为追涨和杀跌的牺牲者。失败的动量交易者往往使用波动的思维来操作爆发性行情,他们往往忽略了精确时机的选择和严格的情绪控制。前者有赖于对动量爆发的把握,后者则要求交易者有一套完整的交易策略。

波段交易者试图把握价格的高点和低点,就现实而言则是追求在接近高点的地方做空,在接近低点的地方做多。如何把握高点和低点,这是不少波段交易者面临的根本难题。毕竟低点和高点只有在行情走过后才能知道,所以所谓的波段交易是神仙才能做到的事情。在MT4.0软件中，有不少指标程序都能够标示出波段的高点和低点，比如 ZIGZAG 指标，但是这些指标要么含有未来函数，要么有滞后性。有些人认为波浪理论是波段交易的法宝，笔者从来没有得到过波浪理论的好处，所以笔者对波浪理论持保留态度。

外汇投机应该像飞鸟啄米。"激水之疾，至于漂石者，势也；鸷鸟之疾，至于毁折者，节也。是故善战者，其势险，其节短。"这就是外汇动量交易的本质。下面两张图，图 2-1-1 是外汇走势中的波段，用 ZIGZAG 指标标示出来，图 2-1-2 则显示了外汇走势中的动量，用 I-trend 和 Juice 标示出来。

图 2-1-1

作为动量交易者，必须比趋势交易者和波段交易者更好地远离恐惧和贪婪。通常而言，波段交易者过于贪婪，所以我们基本上看不到成功的波段交易者。利用动量原理进行操作的外汇新手，开始往往能够获得丰厚的利润，运气和勇气使得他们无往不胜，但是不久之后"赢家诅咒"

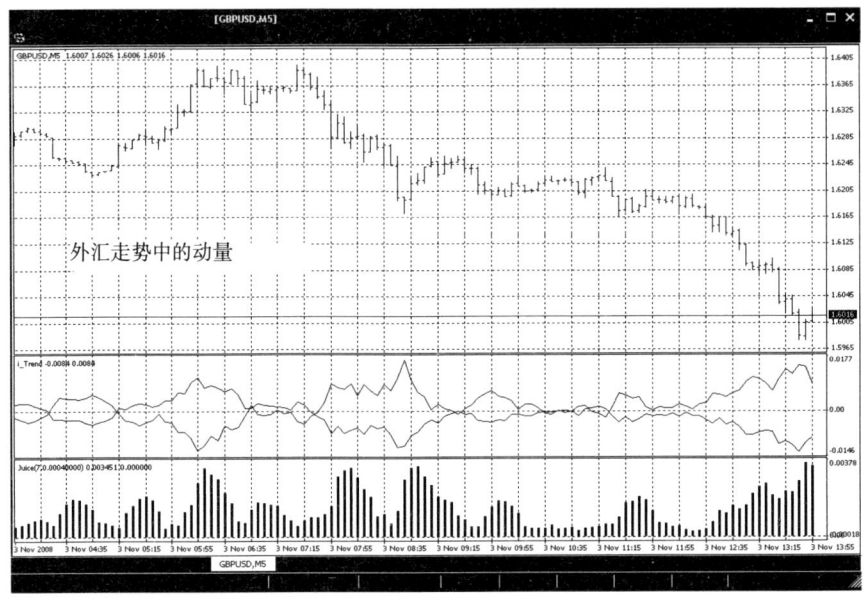

图 2-1-2

就发生了,他们由于缺乏相应的风险管理意识而失败,从此一蹶不振。

动量交易者如果像波段交易者那样注重大笔收益,往往会使自己头脑发昏,从而导致不可挽回的亏损。在外汇市场上,做市商和银行交易员往往会利用开盘的时段制造动量交易者两杀的局面,无论做多还是做空,都会被迅速波动的市况清洗出场,没有原则的动量交易者往往沦为追涨杀跌的牺牲品。剧烈的汇价波动常常形成大实体价格线(蜡烛线图术语),这使不少盲目的动量交易者缺乏明确的介入价位。要成为一个成功的动量交易者需要注意三个原则:

第一个原则是,"杜绝情绪的干扰,坚守经过验证的方法和原则";

第二个原则是,"减少定性,增加定量,通过数字把握市场,而不是感觉";

第三个原则是,"多重过滤,利用非线性指标交叉检验"。

中学物理告诉我们一个运动的物体有保持既有运动状态的特性,利用动量原理操作获利要求外汇交易者透彻地理解和灵活地运用这一原理。衡量动量最简单的方法是利用不同周期的移动平均线的相互关系。MACD是笔者最常用的动量衡量指标，混沌交易大师比尔·威廉姆的 AC、AO 和 GATOR 指标都基于 MACD，所以大家一定要重视这个指标对动量交易者的意义。在实施动量交易之前，一定要进行汇价加速和变速的交叉验证，也就是用几个不共线性的指标来确认。

如果动量交易者不能快速进出，则会因为倒向波段交易者而失败。因为人是不能区分趋势市场和震荡市场的，在这两个市场中的波段操作策略是不同的，所以波段交易者往往因为选择不当而累计亏损。

所以，对于动量交易者而言，一定要快，当断则断！

第二节 5分钟动量交易的规则和简单示范

有些外汇交易者非常有耐性，他们能够等待很长时间，以便获得一个极佳的交易机会介入市场；另外一些交易者非常缺乏耐性，他们喜欢介入那些迅速发展的行情，否则他们会很快地了结自己的头寸。这些没有耐性的外汇交易者适合从事动量交易，在动量充足的行情走势中，这些交易者会坚决持有仓位，一旦市场动量减弱，这些交易者也是最早了结仓位的。因此，一个成功的外汇动量交易策略，必须具有一个明确的退出策略以保护利润，同时还要尽可能把握行情的发展，尽最大努力去扩展利润。

在本书中我们将介绍关天豪先生的 5 分钟动量交易方法，这个方法是为那些喜欢短线的外汇交易者准备的。5 分钟动量交易系统在 5 分钟图上寻找一个动量爆发过程。首先，交易者需要在行情图表上叠加上两个指标。第一个指标是20期移动平均线，具体而言是20期指数移动平均线。在前面我们已经介绍了指数移动平均线的计算原理和简单的使用方法。简单而言，指数移动平均线给予较近时期以更高的权重，比起简单移动平均线具有更高的灵敏性，这使得指数移动平均线更适合把握短期的汇价动量运动。第二个指标是移动均线聚散指标，也就是通常所说的MACD指标。这个指标也是帮助我们度量动量大小的工具。我们采用MACD的默认设置，也就是一条均线采用参数12，另一条均线采用参数26，信号均线采用参数9，所有均线都采用收盘价。

  本书介绍的交易策略要等待反转交易机会出现，不过只有当这个机会获得了动量支持时，我们才介入。根据这个策略介入的交易，采用分步出仓的方法，具体而言是分两部分出仓。一半仓位主要是帮助我们锁住利润，避免盈利交易变成亏损交易；另一半仓位主要是在零风险的前提下帮助我们捕捉大的行情波动，让利润奔腾，为了做到这一点把初始止损移动到盈亏平衡点处。

  首先，我们来看5分钟动量交易策略的做多规则。第一，查看汇价走势是否位于20期指数移动均线之下，同时MACD柱线位于0轴之下，也就是为负值；第二，等待汇价上穿20期指数移动均线，然后确认MACD柱线正在上穿或者上穿完成后正值柱线不超过5根；第三，在20期指数移动均线上10个点处做多；第四，对于激进交易者，将停损放置在5分钟图的波段低点处，对于保守交易者，在20期移动均线下放置一个20点的停损；第五，当汇价上升到进场价加风险时，平掉一半的多头头寸，同时将剩下一半持仓的停损移到盈亏平衡点；第六，利用盈亏平衡点止损或者20期指数移动均线减去15点（或者20点）的跟进止损。

  其次，我们来看5分钟动量交易策略的做空规则。第一，查看汇价走势是否位于20期指数移动均线之上，同时MACD柱线位于0轴之上，也就是正值；第二，等待汇价下穿20期指数移动均线，然后确认MACD

柱线正在下穿或者下穿完成后正值柱线不超过5根；第三，在20期指数移动均线下10点做空；第四，对于激进交易者，将停损放置在5分钟图的波段高点，对于保守交易者，在20期移动均线之上放置一个20点的停损；第五，当汇价下降到进场点减去风险时，平掉一半空头头寸，同时将剩下一半持仓的停损移动到盈亏平衡点；第六，利用盈亏平衡点止损或者20期指数移动均线加上15点（或者20点）的跟进止损。

下面我们举两个简单的例子来示范这一策略。第一个例子如图2-2-1所示，这是欧元兑美元的5分钟动量交易，最大获利103点。

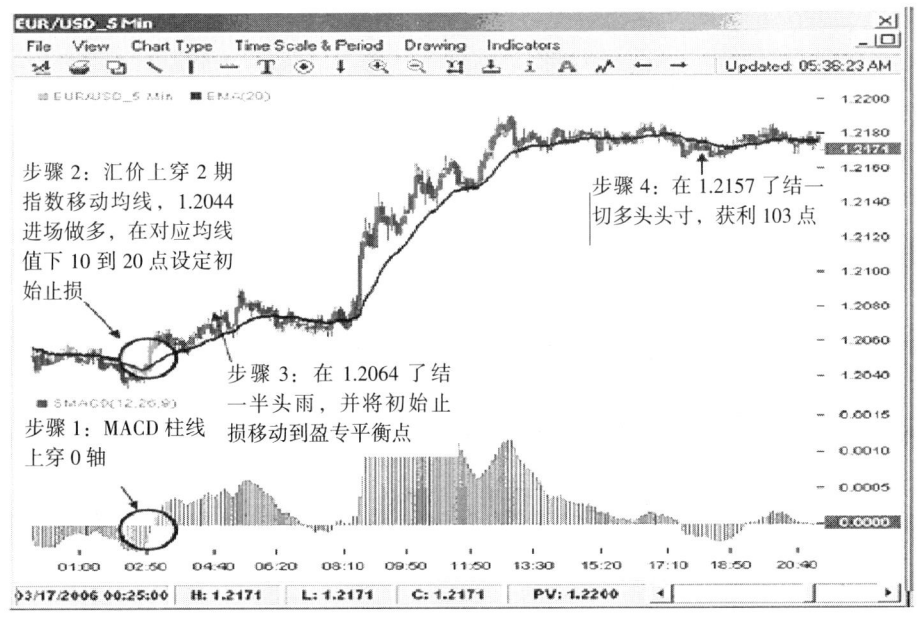

图2-2-1

第二个例子如图2-2-2所示，这是美元兑日元的5分钟动量交易，最大获利39点。

大家或许已经注意到，初始止损和移动止损的参数并不确定，这就是这个系统需要自己根据市场波动特性进行完善的地方，利用ATR指标

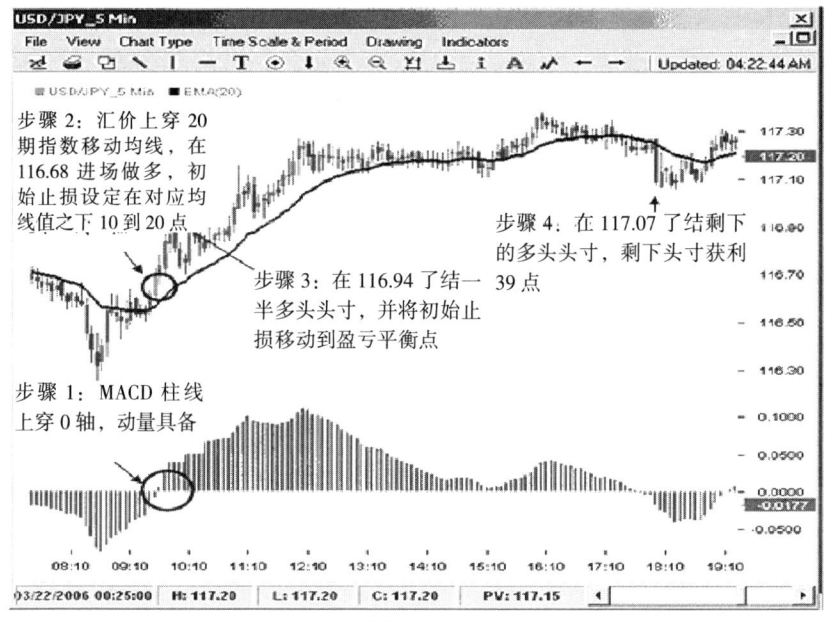

图 2-2-2

有助于更好地根据交易的对象来确定指数参数，笔者通常采用 ATR/6 作为参数，也就是日均波幅的 1/6。

第三节　5分钟动量交易系统中蕴含的交易哲学剖析

混沌操作法是关天豪曾经钻研的一个范本，他认为这个比尔·威廉姆苦心经营的交易策略并不高明。不过，5分钟动量交易可以看作是混沌交易法的"归宗简化版"。李小龙的截拳道以"直接、有效"作为最高原则，这无疑暗合"奥卡姆剃刀"的根本寓意，作为哲学出身的武术大师，他能够获得世界七大功夫高手之一的赞誉，确实与他能够化繁为简的能力密切相关。5分钟动量交易系统去除了多余的东西，保留有用的东西。越是复杂的系统其灵活性越差，不便于掌握，耗费更多的资源，经济性很差。

混沌交易法要求交易者在市场操作中懂得"遵循阻力最小路径"，其实交易系统的选择也是如此，如果一个系统很复杂、用起来很吃力，我们就应该选择另外一个效果一样但是更简单的系统。

下面是对5分钟动量交易系统和比尔·威廉姆混沌操作系统的对比分析。图2-3-1是关天豪的5分钟动量交易系统，图2-3-2是比尔·威廉姆的混沌操作系统。

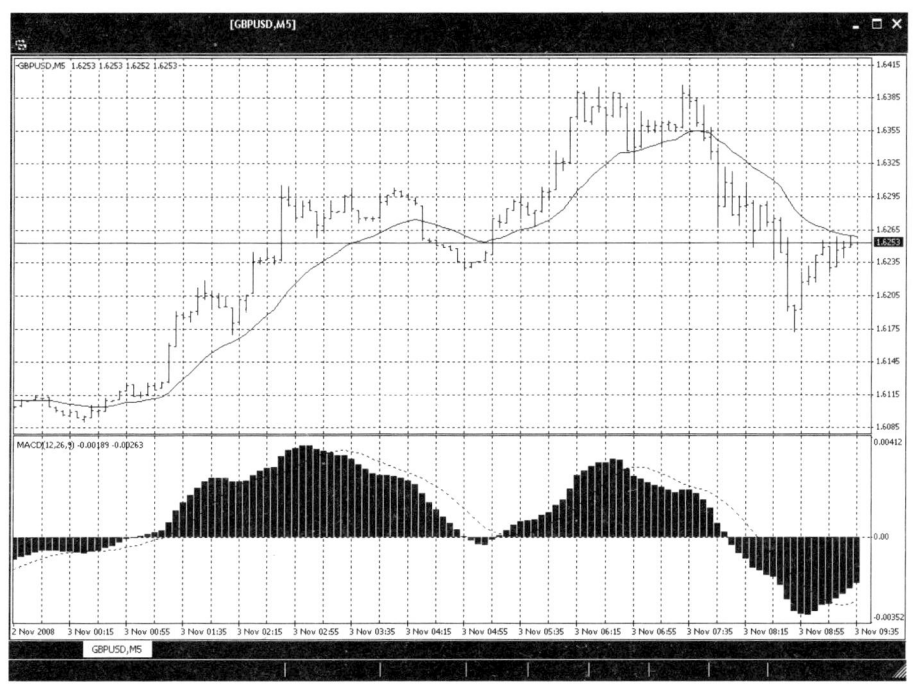

图 2-3-1

关天豪的5分钟动量交易系统主要由MACD和均线构成，资金管理策略上是减仓制度，一半仓位依靠胜率取胜，一半仓位依靠风险报酬率

图 2-3-2

取胜。由于外汇市场的日内波动非常剧烈,所以减仓制度非常符合实际需要。均线帮助理清短期趋势,MACD 用于捕捉动能。

比尔·威廉姆的混沌操作系统主要由两大部分组成:短期趋势甄别指标和动量甄别指标。这个系统的资金管理策略是加仓制度,完全靠风险报酬率取胜。这套方法不太适合剧烈变动的市场。它的主要风险控制策略依靠三条均线,这使得最大亏损不像 5 分钟动量交易系统那么确定,而且这套系统的出场有很多规则,让你无所适从。

短期趋势甄别指标由鳄鱼组线和分形指标组成。鳄鱼组线由参数为 5、8、13 的三条短期均线组成,其具体参数如图 2-3-3 所示。之所以采用这三个参数,主要是因为它们适合动量交易,而且是斐波纳契数字。这三条数字起到的作用类似于 5 分钟动量交易系统中的 20 期指数移动平均线。

图 2-3-3

短期趋势甄别系统中还有一个指标是分形。比尔·威廉姆定义一个标准分形就是五根价格线。中间一根价格线的最高价如果最大,则构成一个向上分形;中间一根价格线的最低价如果最小,则构成一个向下分形。其实,分形定义了最小波段的端点。图 2-3-4 就展示了英镑兑美元走势

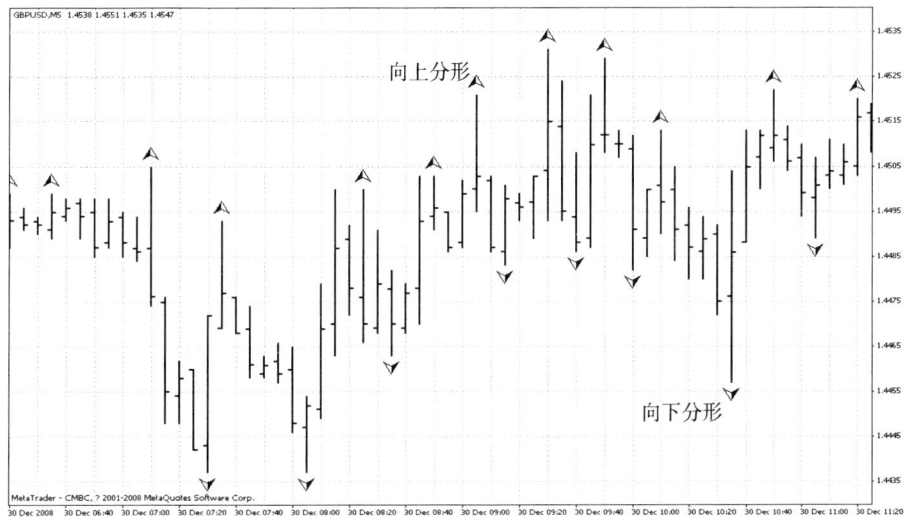

图 2-3-4

中的一些分形。向上分形被价格突破，俗话说就是创出新高，意味着向上的潜在趋势得到部分承认（另外一个要件是鳄鱼组线呈多头排列）；向下分形被价格跌破，俗话说就是创出新低，意味着向下的潜在趋势得到部分承认（另外一个要件是鳄鱼组线呈空头排列）。分形和鳄鱼组线起到的作用类似于 20 期指数移动平均线。

比尔·威廉姆的动量甄别系统由三个指标构成：AO、AC 和 GATOR。这三个指标其实都是由 MACD 发展过来的，大同小异，基本思想都是利用均线差值推导动量，如图 2-3-5 所示。

图 2-3-5

第三章　5分钟动量交易系统的进出场操作方法

任何交易都是由进场和出场构成的，但是很多交易者往往忽视了这一最基本的常识，他们脑子里总是琢磨着行情的涨跌、价位的顶和底，这也是他们持续亏损的原因。阅读本书能够帮助你走出这些观念上的误区，但是经验却是更好的老师，交易与功夫一样，是一门技能，是一门实践的艺术，理论再好也不能代替实践。在本章，我们仅给你做理论上的指引，真正的进步和收获还是来自于实践，这是永远不能忽略的。

现在回到本章的主题，那就是5分钟动量交易系统的进场和出场方法。进场需要关注趋势和位置两个要素，这是不少外汇交易者没有注意到的一个问题，他们往往在乎趋势，而忽视了进场的具体位置，这会使得他们在波段高点做多，波段低点做空。交易者忽视了进场位置，这还不是他们失败的关键原因，他们往往败在出场操作上。

出场操作的重要性远远超过了进场操作，因为出场操作才是"截短亏损，让利润奔腾"的关键，但是不少交易者不重视出场，甚至只关注进场，他们一直关注的焦点在于是否应该进场、做空还是做多，他们既不设定止损，也不知道如何合理地对待浮动盈利。

出场中有一种方法是止盈，公正而言这是下策，是不得已的方法，上策是跟进止损。在本章中我们会就出场的方方面面给出一个可操作的蓝图。大家需要牢记的是，出场比进场重要，进场位置比进场方向重要。

进场与出场缺一不可，位置与方向不可或缺，但是由于人类天性驱使，交易者对进场和方向倾注了绝大多数精力，这其实导致了绝大多数投机客的失败。

本章的第一节讲解5分钟动量交易系统的进场，剩下的几节讲解5分钟动量交易系统出场的各个方面。

第一节 进场的两个必要条件

目前绝大多数的交易类书籍和几乎所有的国内证券书籍都关注如何寻找进场点，而且这些书籍所关注的进场点都是一个抽象的问题，而不是一个具体的准确的位置，仅仅指出在当下的行情下是做多还是做空，这对于交易而言并无益处。之所以这么多人不得交易要旨，关键在于他们都去寻找必涨或必跌的形态，根本没有静下心来琢磨进场位置和进场方向这样具体的问题。

5分钟动量交易系统的关键不在于进场，而在于出场。进场虽然不是成败的关键，但却是交易的基础和开始。

我们下面来看5分钟动量交易系统做多进场的两个必要条件。请看图3-1-1，通常而言我们需要保证自己跟趋势处于一致的地位。虽然动量交易时间要短于趋势交易，但仍旧需要与市场的波动态势站到一边。因此，关天豪将汇价金叉平均线作为一个进场做多的必要条件。由于是动量交易，所以采用了赋予短期波动更多权重的指数移动平均线。当汇价上穿20期指数移动平均线，进场做多的第一个条件就具备了。

进场做多的第二个条件是要求向上的动量强劲，如图3-1-2所示，我们以MACD作为动量的侦测器。在汇价上穿20期指数移动平均线的同时（大致 5 根 MACD 柱线以内），MACD 柱线上穿 0 轴，也就是通常所说的"绿翻红"。当动量和趋势都站在多方一边时，就可以进场做多了。

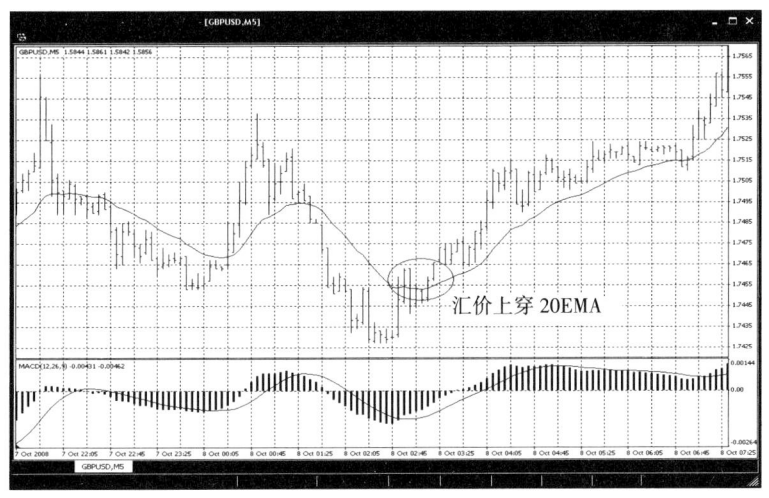

图 3-1-1

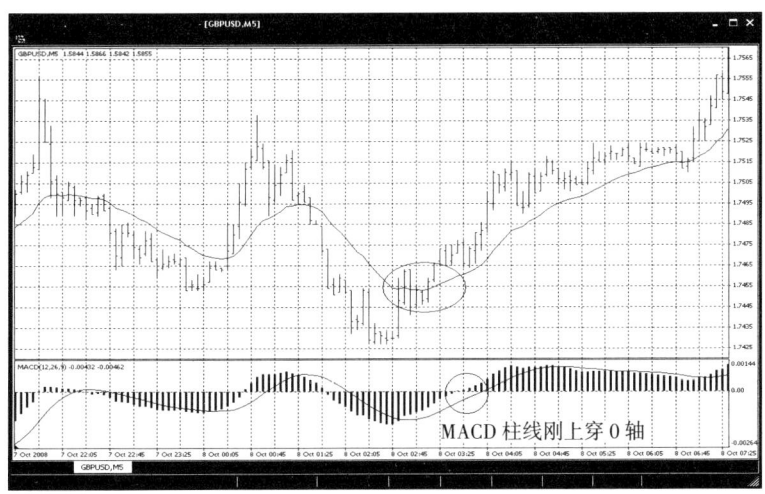

图 3-1-2

做空的必要条件也是一样的，一是汇价下穿 20 期指数移动平均线，二是 MACD 柱线下穿 0 轴，如图 3-1-3 和图 3-1-4 所示，这样动量和趋势就站在空方一边了，我们就可以进行做空交易了。

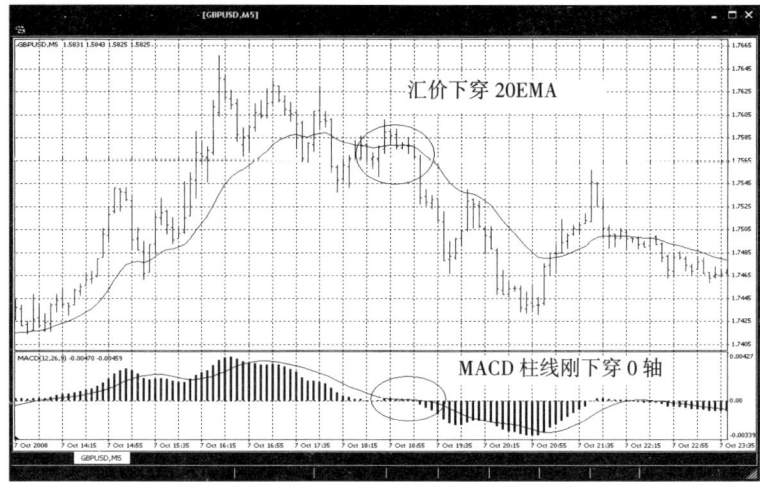

图 3-1-3

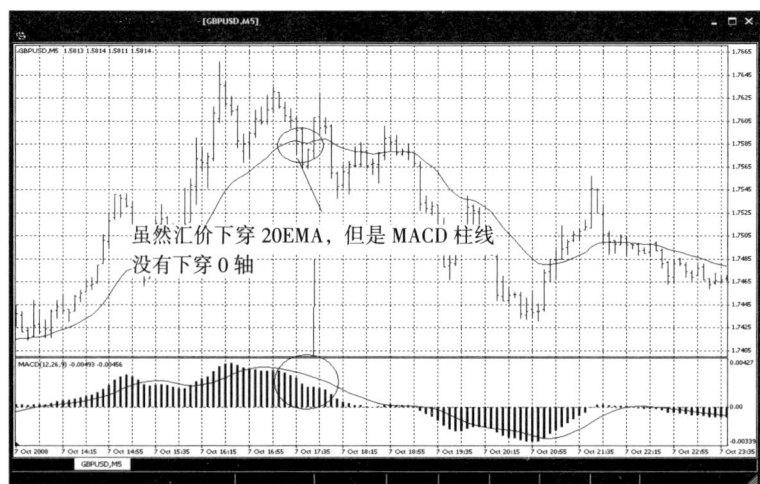

图 3-1-4

第二节　停损的设置

不少外汇交易者非常重视进场，对于不少涉及进场信号的形态烂熟于心，所有的交易生涯都沉浸在寻找"最可靠进场信号"上。这些外汇交易者并没有以同样的态度对待停损和出场，他们做交易只关心什么情况下进场，一旦进场就会预期成功，几乎不对失败作任何盘算。换言之，这些外汇交易者不仅没有考虑交易获利时如何出场，更没有考虑交易亏损时怎么离场。等待，成了这些人唯一的措施。

对于进场，每个外汇炒家都能发表不少高见，但是外汇交易持续成功的关键是知道出场的方法和时机。一套有效的出场策略包括止损和利润兑现两个部分，不仅可以让获利最大化，同时能让亏损最小化。虽然出场特别是止损如此重要，国内的交易书籍对此基本没有涉及，似乎出场根本没有进场重要，只要进场对，交易就能获利，这种观点是导致绝大多数交易者失败的原因。一个外汇交易者必须明了如何了结亏损头寸，具体而言就是对如何设定停损点有深入的掌握，才能立于不败之地。

本节只阐释出场策略的一个部分，帮助读者明白如何在错误头寸没有造成致命伤害前及时退出交易。出场的基本原理是，一旦进场的理由不存在了就应该出场。比如，因为英镑兑美元在55期均线上运行而入场，那么当汇价跌破55期均线时就应该迅速出场。又比如，因为英镑兑美元在某处获得支撑而买入，那么当汇价跌破该支撑线时，就应该马上出场。只要确定自己错误就应该立即了结现有头寸，不能继续增加持仓。无论盈亏，只要继续持有的理由不存在了，就应该退出交易，从这个意义上看，停损和兑现盈利的本质是一样的。

对于外汇交易而言，学会亏损、正确认赔是长期生存的关键。"截短亏损"比"让利润奔腾"更重要，首先做最坏的打算，再考虑盈利的可能。失去存在理由的头寸应该尽快了结，如果你因为惧怕小的亏损而导致大的亏损，长此以往你必定是一个失败的外汇交易者，这绝非利用外汇赚钱的正道。学习如何认输、如何恰当地认输、如何正确地停损是外汇交易的首要任务。

对于资金充裕的外汇交易者而言，只要处理得当，没有任何单笔交易能够造成致命的损失。一个预先设定止损的交易者相当于为自己买了一份人身保险。相反，如果不设定止损，或者设定过于宽泛的止损，那么灾难必定会发生。

外汇交易者必须对亏损形成正确的观念，因为观念决定了态度，而态度决定了行为，行为和市场环境一起决定了成败。亏损只代表部分的失败，可以看作一种反馈。如果对这种反馈视而不见，则更大的亏损会来袭，直到你重视这些反馈并采取相应的行动。认赔不代表失败，所谓成功的外汇交易者就是那些知道如何处理亏损头寸的人。停损的原则很简单，任何一单交易都应该尽力实现其最大获利潜能，但前提是它不能造成实质的伤害！

停损单在外汇交易中是一项非常重要的工具，但是不少外汇新手并不了解其真正的用途，当然也就不知道应该怎样去设定停损单。停损单应该根据市况设定在恰当的地方，不能太近（为了避免市场噪声），也不能太远（为了限制损失）。停损单是用来防范自身判断错误、局限损失的交易指令，可以预先设定，也最好预先设定。停损单的首要目的是限制亏损，根本目的是保障外汇交易者能够长期停留在市场中，有机会去获利。离开了停损单，外汇交易者的错误头寸可能变得一发不可收拾。

要想成为盈利的外汇炒家，必须知道如何保障资本，止损是具体的资本保障措施。在5分钟动量交易系统中我们提倡预先设定止损，因为这样可以让紧绷的心态有所缓和，不需要随时面对是否出场的心理困扰。设定停损就像买了保险一样，可以高枕无忧，因为你对最坏的情况有所准备了。

进场时，你就已经知道最坏情况了，这方面的计划使你得以控制风险。我们不主张采用心理止损，除非你的经纪商存心要打你设定的止损。绝大多数交易者都没有足够的纪律来执行心理设定的止损，你最好不要认为自己是极少数人。

停损设定存在的两种错误是设得太远和太近。一个理想的停损点应该规避市场的噪声，要让头寸有一些回旋的余地。通常，布林带是一个不错的工具，当然你也可以根据ATR和支撑阻力来设定。止损也不能设定得太远，应该考虑到风险控制需要，如果预计亏损超过资金量的5%，则应该考虑放弃这样的交易机会。

谈了许多关于停损设置的一般原理，现在我们来讲讲5分钟动量交易系统中设定止损的具体方法。5分钟动量交易系统的止损分为两个类别：第一个类别是固定止损，第二个类别是移动止损。本节主要讲解固定止损，因为移动止损的作用是双重的，不光充当止损，还有及时兑现盈利的功能。

在5分钟动量交易系统中有两个固定止损点，第一个是初始止损点，第二个是移动到盈亏平衡点的止损点。我们这里重点介绍第一个初始止损点，第二个固定止损点留到减仓那部分介绍。

初始止损点在进场之初限定了所有头寸的最大潜在亏损，是为交易设定的最初保障。初始止损点有两种设定办法：第一是根据形态，特别是以近期高低点形成的支撑阻力为依据，这类初始止损往往要求较大的回旋空间，我们称之为"激进性初始止损"，这类止损适合资金较为充裕的交易者；第二是根据资金比例和ATR值，通常设定为20点，这类初始止损比较适合初学者，比较机械，对于"盘感"的依赖较少，我们称之为"保守性初始止损"。

下面就结合具体的图示来演示这两种初始止损。图3-2-1是利用5分钟动量交易系统进行做多交易时所采取的两类初始性止损。进场点A下方不远就是保守性初始止损，也就是在入场点对应均线值之下20点左右设定止损。激进性初始止损就设定在该上涨波段的起点处，也就是近期低点之下一点儿。

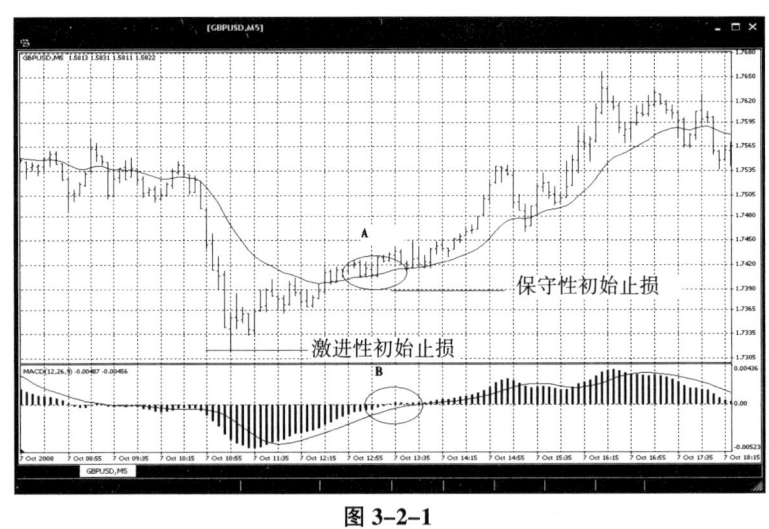

图 3-2-1

接着，我们来看利用5分钟动量交易系统进行做空交易时如何设定初始止损。如图3-2-2所示，保守性初始止损设定在进场点对应均线值之上20点左右，这个需要考量ATR，ATR中文名称是"平均真实波幅"。激进性初始止损设定在最近高点之上。

固定止损的设定需要考虑三个问题。第一，是否有关键价位作为防御和考量，具体而言就是是否存在支撑和阻力，止损应该设定在支撑之下、阻力之上；第二，是否在风险控制之中，也就是说止损的幅度不能超过资金亏损比率，一般是2%为最优，也可以放宽到5%~8%，如果达不到这个要求则应该放弃这一机会，或者增加本金；第三，止损应该过

• 第三章　5分钟动量交易系统的进出场操作方法 •

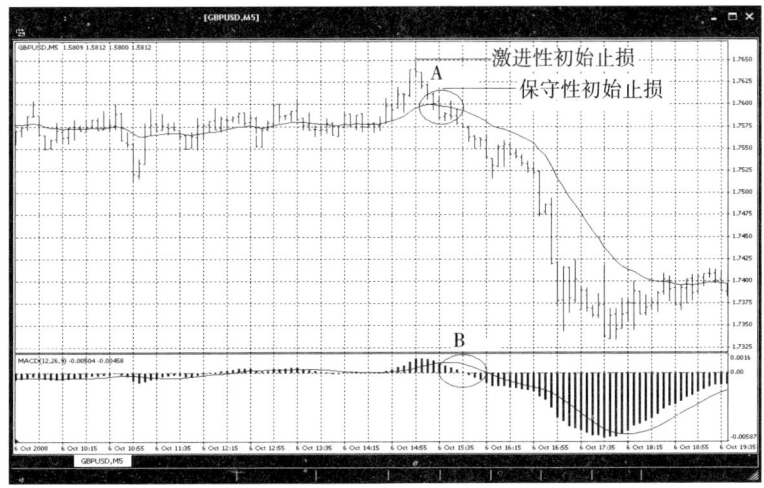

图 3-2-2

滤市场噪声，这个只能勉强做到，止损设定在布林带外或者是根据 ATR 设定止损都是这个目的。5分钟动量交易系统的固定止损设定就采纳了其中一些基本思想。

第三节　减仓

仓位要根据概率变化。胜率不同，仓位不同；风险报酬率不同，仓位不同。这是非常明了的事情，不过绝大多数外汇交易者都不考虑仓位的问题，不根据自己的牌面下赌注的人早晚会成为输家。外汇交易是一项概率游戏，是博弈，是贝叶斯博弈，不完全信息决定了我们要按照概率行事。

每次交易的单位都是一样的，这是单一头寸。如果你能够根据概率的高低，准确说是根据胜率和报酬率的概率分布来调整仓位，那么你就是高手。高手是复合式头寸练成的。

趋势交易者讲求"顺势加仓",杰西·李默佛的"金字塔加仓法"是最典型的代表;而动量交易者讲求"顺势减仓",特别是外汇日内交易,像英镑这样的货币波动剧烈,减仓才是正途。

当头寸处于盈利时,不少当冲外汇交易者(又名日内外汇交易者)都会非常矛盾,传统的教科书一般提倡"顺势金字塔加仓",这简直是误人子弟。在外汇日内交易实践中,减仓也就是分批出场是更为务实的做法,毕竟日均波幅限定了日内的最大获利可能,当趋势明显时,一天的行情随着走势调整,如果不及时出场,要么盈利化为乌有,要么转为亏损。

5分钟动量交易系统采取复合式头寸分批减仓,由于是日内交易,所以行情走势幅度有限,分批太多没太多实际意义,所以通常分成两个部分:A部分和B部分。交易绩效由胜率和风险报酬率共同决定,这两个仓位就是基于这一点,同时也是因为认识到日内外汇市场的特性。A部分的风险报酬率是1:1,所以A部分胜率要高,通过选择较好的入场点和快速兑现盈利,A部分的胜率提高了。而B部分的风险对报酬则是1:N(N通常大于1),虽然胜率低,但是报酬率足够高。两部分头寸,一个追逐快钱,一个追逐长线。

本节我们着重来看A部分头寸的风险报酬率设定。首先来看做多交易中A部分头寸情况。如图3-3-1所示,在B处进场,在C处设定初始止损,以B为对称中心,C为镜像价位,设定A部分头寸的盈利目标,这就是分批出场点D,在这个位置了结一半的多头头寸。CB:BD=1:1,当然这里面忽略了点差,实际交易要考虑这一点,盈利要等于计入点差后的风险。

做空交易中A部分头寸的风险报酬率确定也是同样的道理,如图3-3-2所示。以进场点B为对称中心,以初始止损C为镜像价位,设定A部分头寸的盈利目标。CB:BD=1:1,这就要求我们的5分钟动量交易系统具有更高的胜率，具体而言就是胜率超过 50%，就能赚钱。

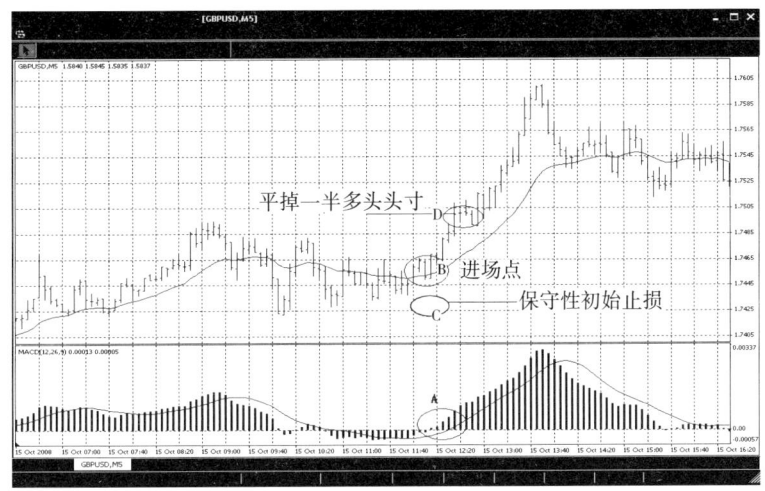

图 3-3-1

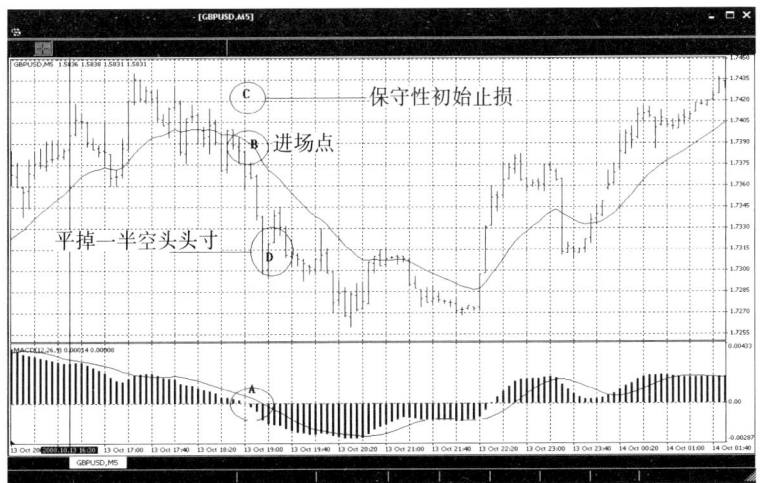

图 3-3-2

第四节　跟进止损和出场

跟进止损的目的是让盈利继续发展，这是为了防止过早了结导致较低的报酬比。趋势交易者总是追求本垒打，他们需要较高的报酬比来弥补相对降低胜率带来的绩效。对于外汇交易而言，20%的单边走势带来了80%的利润，剩下80%的行情是剧烈震荡。我们采用分批出场的方法来应对外汇市场走势的二元性，A部分仓位以捕捉震荡走势中的利润为主，B部分仓位以追逐单边市中的利润为主。前面一节我们介绍了A部分仓位的出场方法，本节我们将介绍B部分仓位的出场方法。

B部分仓位是遵循典型的趋势跟踪交易思路，不过我们还需要在跟进止损之外设定一个保护性质的固定止损来预防价格突发变动影响，主要目的是通过固定止损来锁定最大亏损额。

"截短亏损，让利润奔腾"是B部分仓位恪守的最高原则。要达成"截短亏损"的目标需要三个工具来完成：第一是初始止损，第二是盈亏平衡点止损，第三是20期指数移动平均线止损。要达成"让利润奔腾"的目标不能采用"止盈法"，也就是说出场点应该在价格活动的后方，而不是前方。所以，跟进止损是唯一的办法，盈亏平衡点和20期均线移动止损是达成这个目标的两个手段。

首先，我们来看做多交易中如何实现B部分的出场。如图3-4-1所示，B部分的止损在进场做多之时设定在进场点之下，具体而言就是图3-4-1中的C点。随着行情的向上发展，B部分头寸的固定止损点移动到盈亏平衡点，也就是图3-4-1中的E点处。与盈亏平衡点一起为头寸保驾护航的跟进止损系统是20期指数移动平均线。当行情最终触发盈亏平衡止损点或者是均线止损点任何一者时，多头交易完全结束，如图3-4-1中的F点所示。

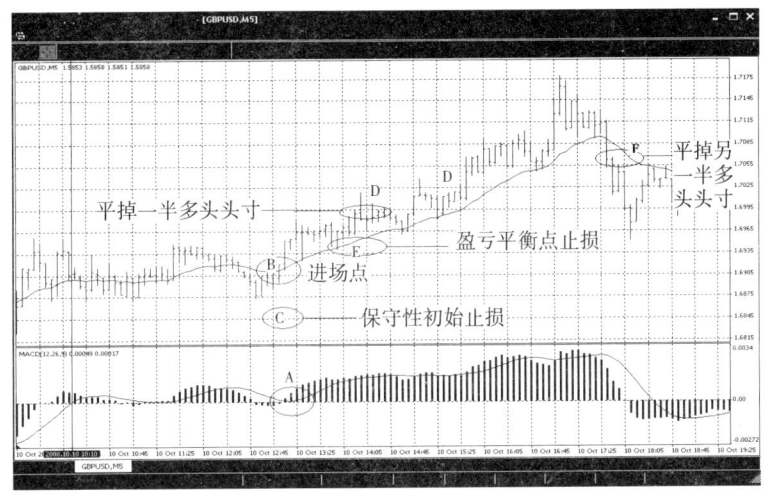

图 3-4-1

接着，我们介绍做空交易中B部分头寸的出场方法。如图3-4-2所示，这是英镑兑美元5分钟走势图。我们首先在C点处为B部分头寸设定初始止损，随着行情发展，我们将B部分头寸的固定止损点向下移动到E点，此时均线止损功能启动。无论行情是触发E点止损还是触发均线止损规则，我们都需要了结所有的空头头寸。在图3-4-2中，行情最终在F点处触发了均线止损规则。

这里需要注意的一点是，B部分头寸的风险报酬率在行情发展到D点时发生了重要的变化。当行情发展到D点，同时没有将停损移动到E点，这时候风险幅度大致为CD段。把固定止损由C点移动到E点时，风险幅度变为ED。CD大致为两倍ED，所以这一移动就将风险幅度减小了一半。在报酬幅度不变的前提下，风险报酬率优化了。

• 5分钟动量交易系统 •

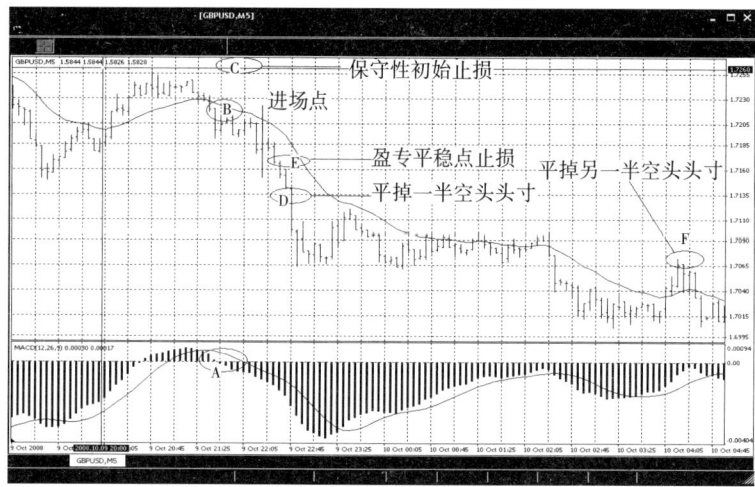

图 3-4-2

第四章 5分钟动量交易系统外汇交易的具体实例

没有实例的交易系统是空中楼阁，我们很想将历史上那些精彩的操作剪辑下来，但是很可惜当初进行交易的时候并没有考虑这些问题，不过这并不影响实例本身的演绎价值。在进行系统验证的时候，我们倾向于用数字说话；在进行系统传播的时候，我们倾向于用实例说话。

5分钟动量交易系统的运用有几个关键的地方，比如什么情况下进场、如何设定初始止损、如何减仓、如何移动止损、如何了结剩余的头寸。这些关键步骤的顺序更为重要，是整个5分钟动量交易系统的核心所在，我们在相互交流这个系统的时候发现，如果不结合足够的实例形象地演示这些步骤，往往会把读者搞迷糊，这往往导致在实际操作中出现严重的失误。

在本章中，我们采用的系统参数跟第三章基本一致，唯一一个需要注意的地方是利用20期指数移动均线对剩余一半头寸进行止损的时候，我们采用了15点和20点两个参数，但是以20点参数为主。除了MACD柱线和均线穿越这两个条件之外，其他参数可以根据具体交易品种进行优化，这个过程取决于读者自己的实践和思考。没有绝对完美的系统，没有放之四海而皆准的系统，每个系统皆有一定的前提。只有掌握这一前提才能更好地运用系统，避免大额的亏损。虽然没有完美的系统，但是却有完美的交易哲学，有放之四海而皆准的交易哲学。

我们采用5分钟动量交易系统在六大直盘货币对上进行了大量的日内交易，也在少数交叉货币对上进行了一定数量的日内交易。就我们的实际交易心得而言，将20点作为移动止损更为有效，不过这可能是在市场特性下体现出来的，市场特性特别是波幅的系统性改变会影响最优参数的大小，这是本书读者需要注意的。为了更好地运用这套系统，我们建议有条件的读者首先通过本章的实例初步掌握第二章和第三章的原理和方法，然后进行3个月的模拟操作，在此基础上优化参数后，再进行1个月的模拟操作，如果没有太大问题，再进行实际的操作。

交易哲学、交易系统和交易心理三者是相互支撑的，在本书第二章中我们介绍了交易哲学，这是系统的根本内核，第三章和本章我们介绍系统本身的内容和操作细节。但是只有这些还不够，还需要健康的交易心理才能很好地驾驭这一系统，关于交易心理大家可以看行为金融学和投资心理学方面的读物。

下面我们将分述英镑兑美元、欧元兑美元、美元兑瑞士法郎、美元兑日元、澳元兑美元和美元兑加拿大元六大直盘货币对以及少数交叉货币对如何运用5分钟动量交易系统。

第一节　英镑兑美元的m5动量交易实例

英镑是非常活跃的币种，无论是英镑兑美元，还是英镑兑瑞士法郎、英镑兑日元，作为交易量较小的币种，英镑堪比外汇市场上的"小盘股"。作为日内交易品种，英镑的稳定性较差，不太适合波段和趋势操作，但是比较适合动量操作。在本节，我们主要介绍英镑兑美元的5分钟动量交易实例。本章的每节都介绍两个实例，一个是做多交易实例，一个是做空交易实例。在每天的外汇交易市场上都有这样的实例发生。大家可以养成这样的习惯：将交易过程截图，并配以文字。长期下来就得到了一本动态的交易日志，能够帮助你极大地提高交易绩效。介绍太多的实例会占用本书过多的篇幅，没有太多的意义。下面介绍的实例是常见情况中的一种，并不表明所有交易都如此，大家既要做到举一反三，也要做到具体问题具体分析。

本节第一个实例是一个英镑兑美元的 5 分钟动量交易实例。本章采用的图都是 5 分钟走势图，请看图 4-1-1，这是英镑兑美元的 5 分钟走势图。在运用 5 分钟动量交易理论时，第一步需要做的是查看 MACD 柱线是否出现了穿越情况，本例是以做多交易为例，所以我们查看是否出现了 MACD 柱线向上穿越的情况。在图 4-1-1 A 圈处，MACD 柱线向上穿越 0 轴，这表明了价格的一次加速运动，动量十足的情形出现，于是我们需要进一步查看对应的 20 期指数移动平均线是否也出现了做多的信号。

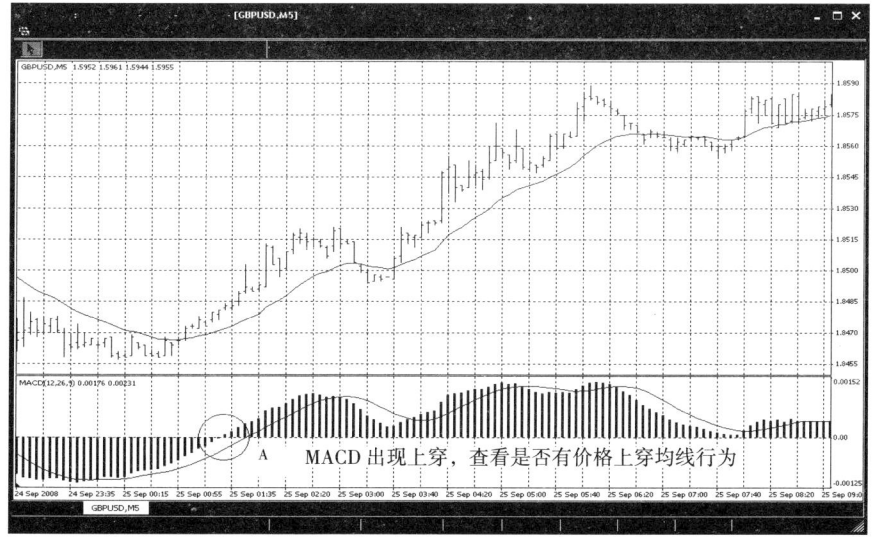

图 4-1-1

第二步，我们查看主图叠加的 20 期指数移动平均线，请看图 4-1-2 中的 B 圈处，当 MACD 柱线向上穿越 0 轴之后，也就是动量彰显后，对应的均线也在该穿越发生后 5 根柱线内与价格出现金叉，也就是价格向上穿越 20 期指数移动均线。无论是 MACD 柱线，还是指数移动均线都对汇价动量有明显的标识效能。一旦如图 4-1-2 所示，MACD 柱线和 20 期指数移动均线同时出现向上穿越时（所谓同时定义为 MACD 柱线穿越后 5 根柱线内，汇价对均线出现了同向穿越），进场做多的信号就发出了。在本例中的做多信号就是买入英镑、抛空美元，也可以简单称为做多 GBP/USD。具体的进场位置在金叉信号发生后汇价高于均线值 10 点附近，大概就在图 4-1-2 B 圈处。

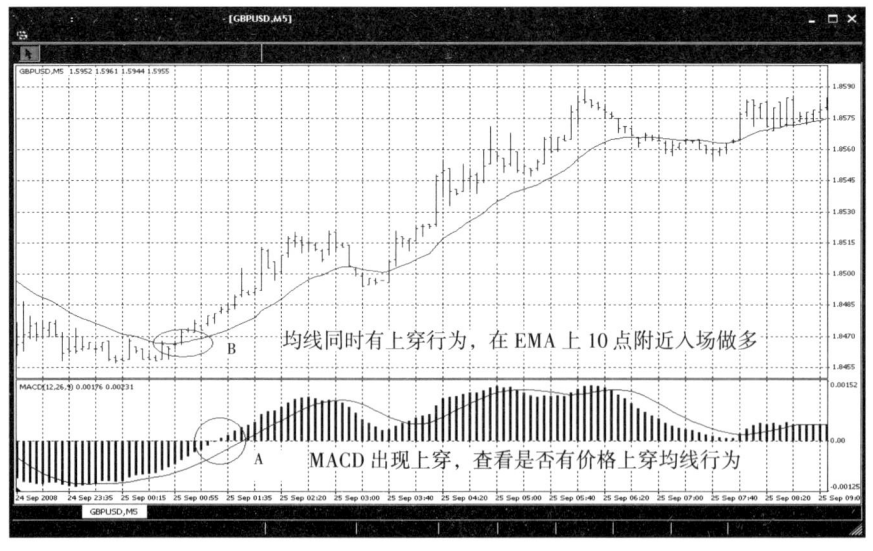

图 4-1-2

第三步，找到进场位置比辨识汇价方向更有实际操作意义，而找到出场位置则比找到进场位置更有实际操作意义。大卫·李嘉图以证券投机起家，成为百万富翁后撰写了经济学领域的巨著，而杰西·利莫佛则是完全以证券投机作为自己的终生事业。两人都提出了同一条投机的最高法则：截短亏损，让利润奔腾。无论是截短亏损，还是让利润奔腾，都涉及出场而不是进场，从这点就可以知道出场对于整个交易的核心意义所在。关于市场方向、进场位置和出场位置三者之间的关系和各自意义的详细分析可以参看《黄金高胜算交易》一书的相关章节。在5分钟动量交易系统的第三步中，我们要为进场设定一个初始的退出点，也就是"截短亏损"为主要目的退出点，这一退出点的主要意义在于防止最初进场的错误。我们将这一进场点称为"初始止损点"，在本章中我们都以保守性初始止损点为例子。在进场点对应均线值之下20点设定止损，如图4-1-3中C圈处所示。

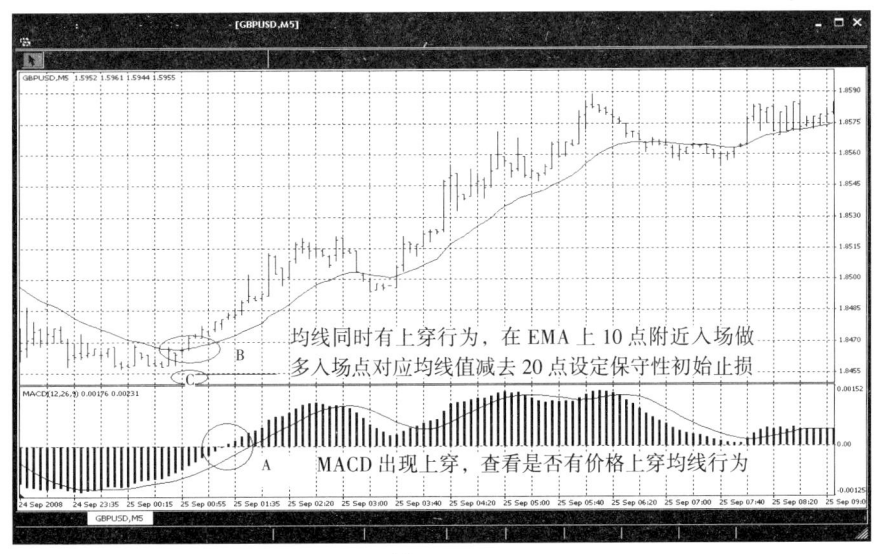

图 4-1-3

在本例中，我们进场做多后，汇价大幅度拉升，在到达减仓目标位置之前并没有出现大幅度的回撤，也就是没有触及保守性初始止损。当汇价拉升到进场位置加风险幅度（也就是进场位置和初始止损位置的差值绝对值）时，我们就要减去一半的多头头寸。在本例中，如图4-1-4所示在D点处我们需要平掉一半的多头头寸。在一个动量走势中，汇价往往在急速和大幅上升之后出现大幅度的回调，所以在这种走势中要灵活地去实践"让利润奔腾"这一原则，比较中庸的办法就是平掉一半头寸。

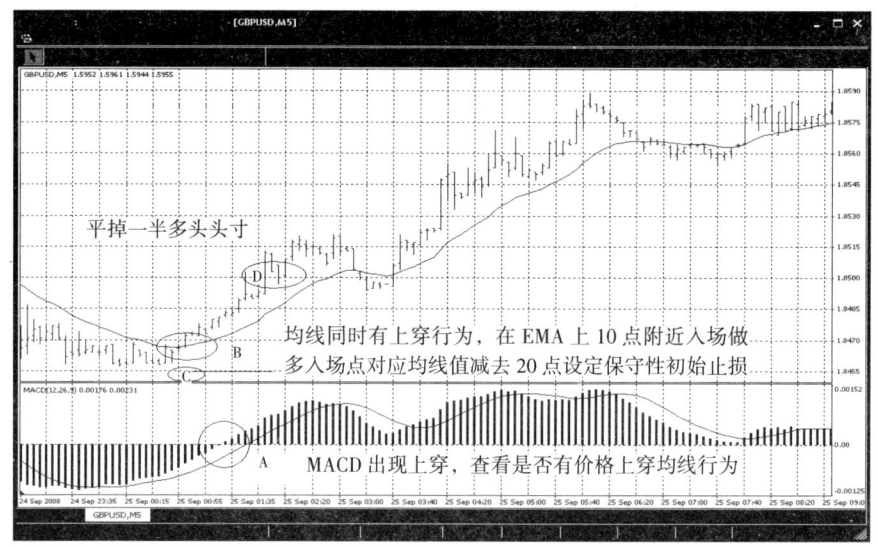

图 4-1-4

当行情离进场点一段距离之后，我们需要保护利润。一个比较好的办法是移动止损，而不是止盈（不过在动量市场和区间市场中，部分采纳止盈也不是完全不对），所以我们将剩余头寸的初始止损点移动到盈亏平衡点，这样做可以达到两个目的：第一，避免赚钱的头寸变成亏损头寸；第二，保留让头寸盈利继续发展的空间。为了达成这个目标将初始止损点移动到盈亏平衡点是最为明智的选择。如图 4-1-5 所示，将剩余多头头寸的止损点由 C 点移动到 E 点。

将止损点移到盈亏平衡点之后，行情继续向上发展，此后我们关注的焦点是汇价是否跌破 20 期指数移动平均线超过特定幅度（在此例中我们设定为 15 点）。如图 4-1-6 所示，汇价在 E 圈处回落，跌破 20 期指数移动均线，但并未超过 15 点，同时也并没有触及 E 点的止损，所以我们继续持有剩余的多头头寸。

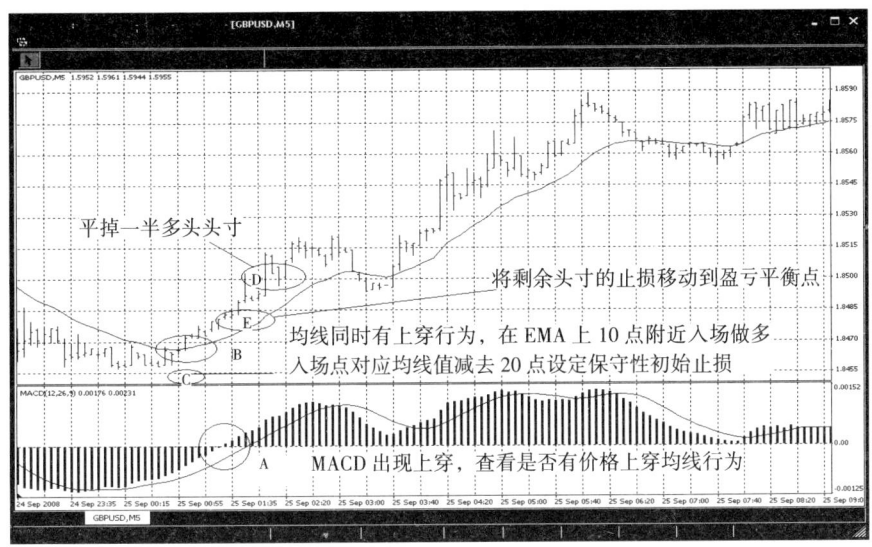

图 4-1-5

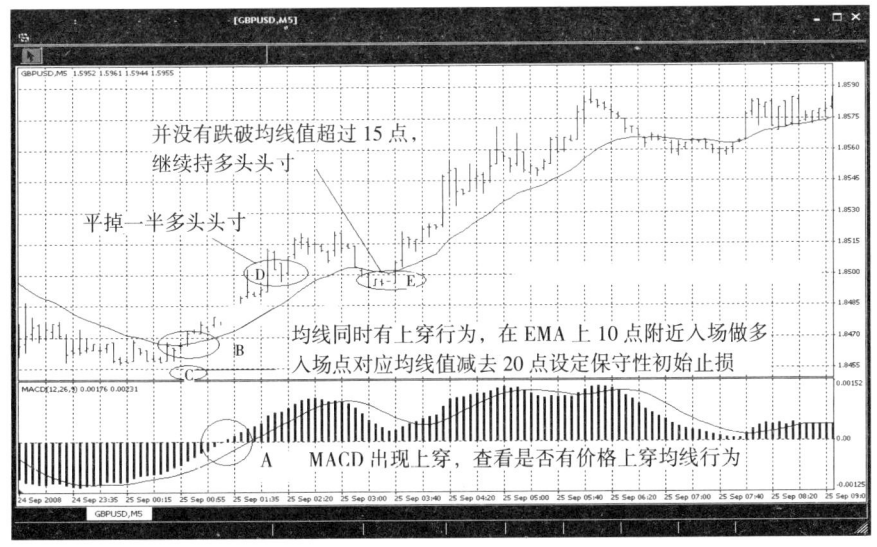

图 4-1-6

E 点之后，汇价继续大幅度上升，英镑兑美元迅速升值。如图 4-1-7 所示，在 F 圈处，汇价再次跌破 20 期指数移动均线。此次下跌并没有跌破均线超过 15 点，所以继续持有剩余的多头头寸。

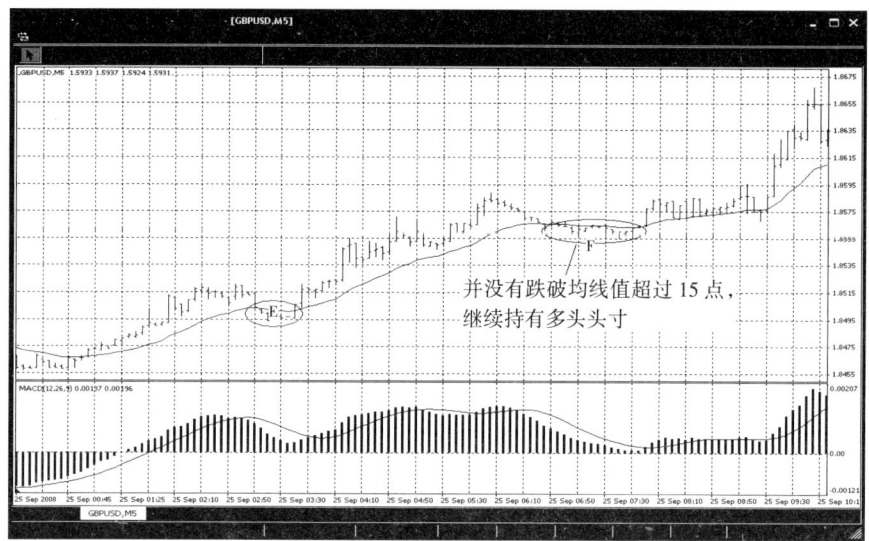

图 4-1-7

F 点之后，汇价横向窄幅整理之后再度爬升。如图 4-1-8 所示，缓慢上升过程之中，于 G 点处跌破 20 期指数移动均线，但是并未跌破均线超过 15 点，于是我们继续持有多头头寸。

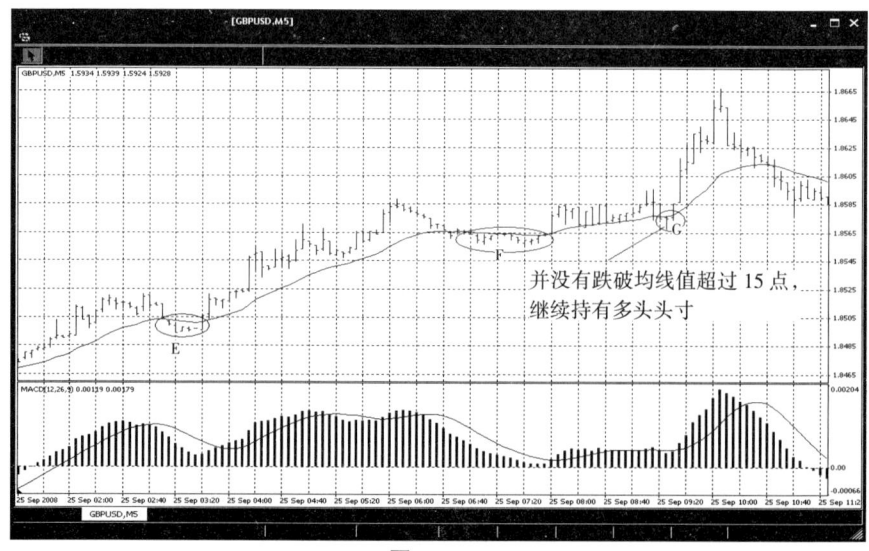

图 4-1-8

汇价从 G 点陡直飙升，然后出现大幅度的回落。如图 4-1-9 所示，在 H 圈处跌破 20 期指数移动平均线，且超过 15 点，于是平掉一切多头头寸。

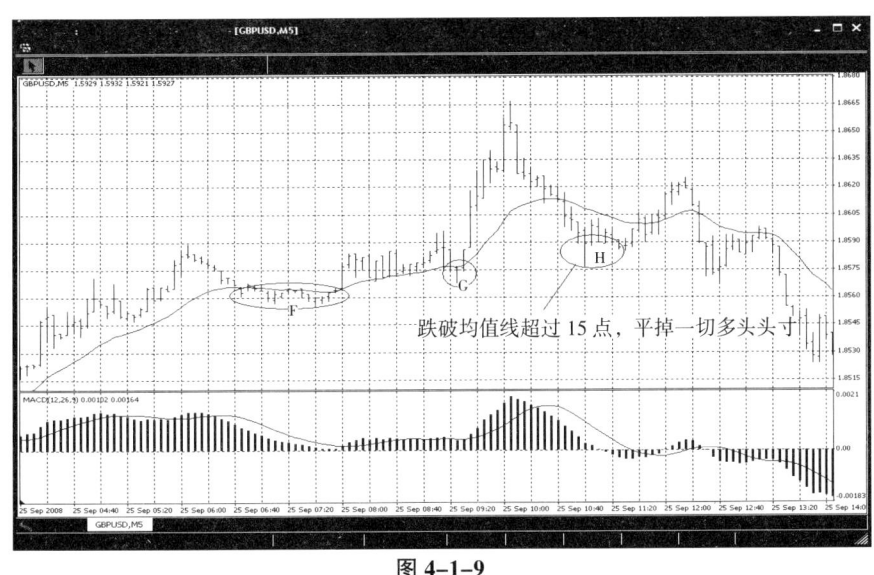

图 4-1-9

前面这个例子演示了英镑兑美元多头交易中进场、减仓、移动止损和出场的整个流程，接下来我们演示一个英镑兑美元空头交易的例子。

图 4-1-10 是英镑兑美元 5 分钟走势图，此例中我们寻找做空机会。如图 4-1-10 所示，在 A 圈处 MACD 柱线向下穿越 0 轴，这表明向下的动量开始爆发，进一步寻找短线做空的机会。

当向下动量爆发确认之后，我们要在 MACD 柱线向下穿越 0 轴之后的 5 根蜡烛线之内寻找汇价向下穿越 20 期指数移动均线。如图 4-1-11 所示，对应 A 圈处的 MACD 柱线死叉，B 圈处汇价死叉 20 期指数移动平均线。两个进场的条件已经具备，于是我们在 B 圈处进场信号发出时对应均线值 10 点之下进场做空。

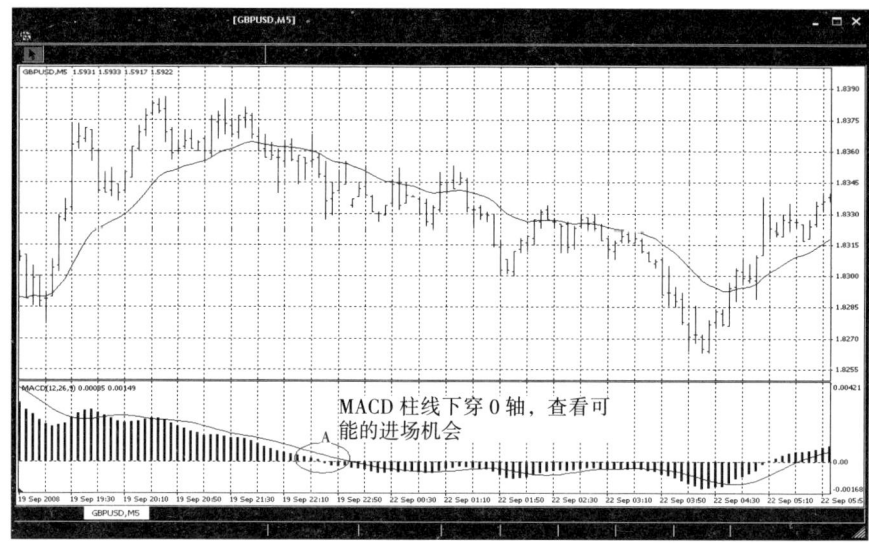

图 4-1-10

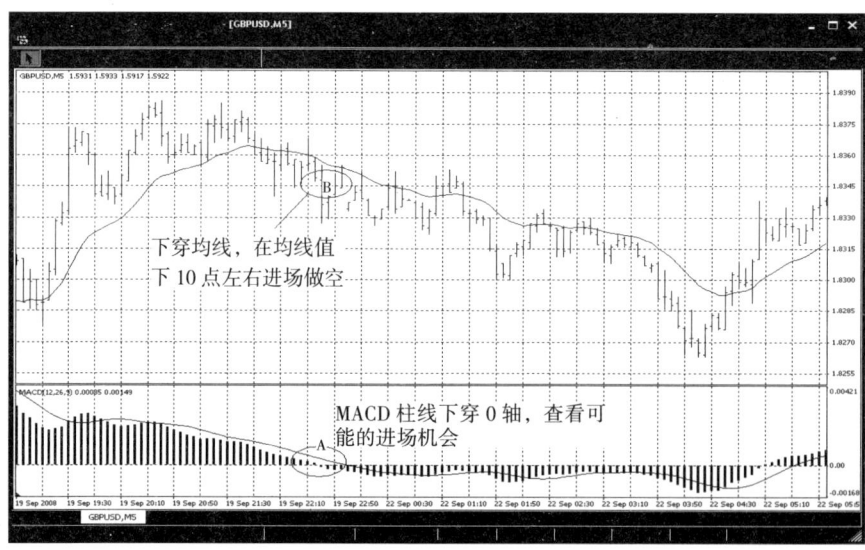

图 4-1-11

进场之后，最为重要的是立即建立其防御措施，这就是定下止损位置。如图 4-1-12 所示，我们在 B 圈处进场做空，对应的均线值之上 20 点处设定保守性初始止损，具体而言就是在图 4-1-12 中的 C 圈处设定止损。

• 第四章 5分钟动量交易系统外汇交易的具体实例 •

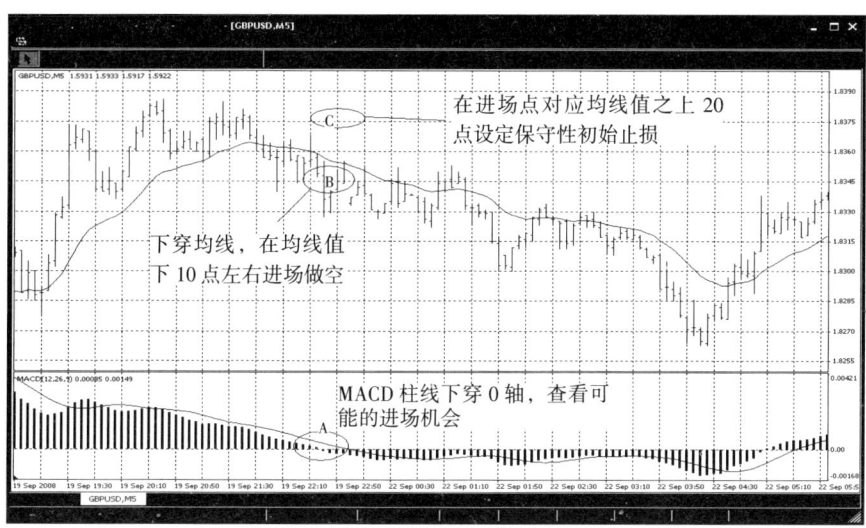

图 4-1-12

在我们进场做空之后，汇价一直处于窄幅盘整走势。如图 4-1-13 所示，汇价在 D 点处反弹，突破了 20 期指数移动平均线，但是并没有突破超过 15 点，更没有触及保守性初始止损，于是我们继续持有空头头寸。

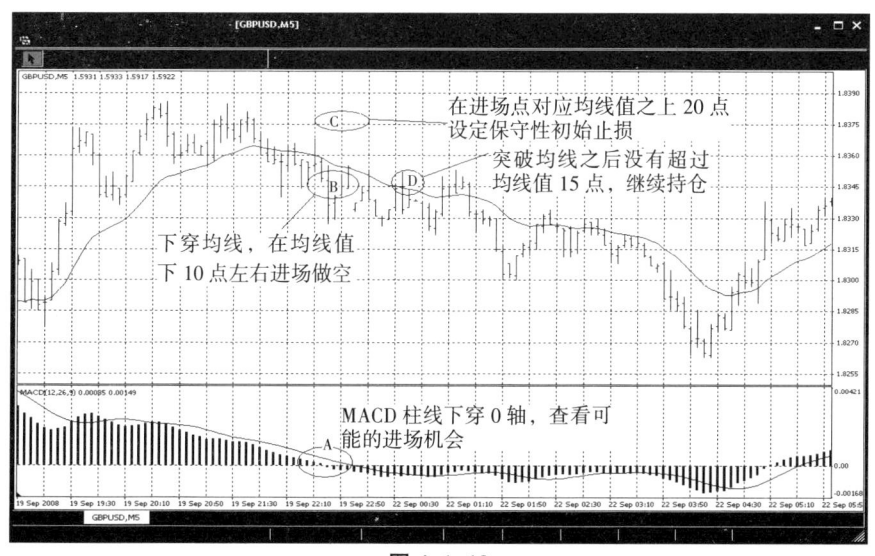

图 4-1-13

D点之后，英镑兑美元的走势继续盘整，如图4-1-14所示。在E圈处，汇价第二次反弹，突破20期指数移动均线，但是并没有超过15点的幅度，于是我们继续持有手中的空头头寸。

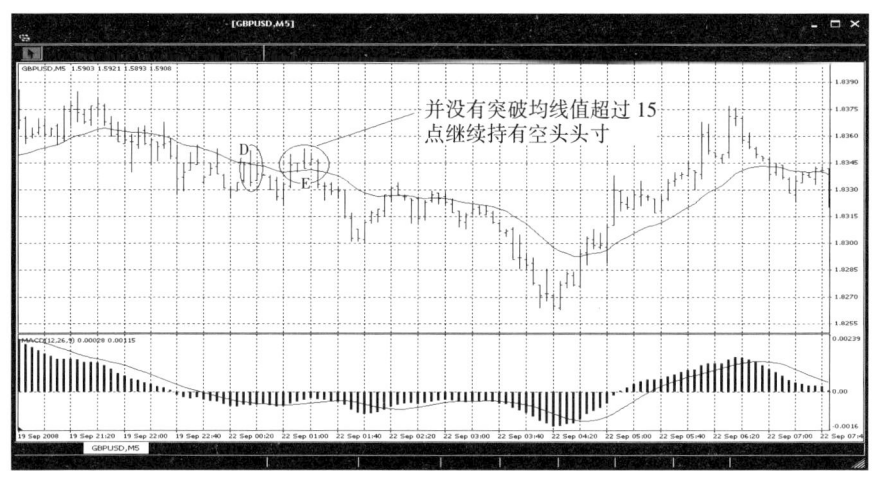

图 4-1-14

汇价在经过一段时间的盘整之后，开始下跌，于F点处达到减仓目标位置。如图4-1-15所示，我们在F点处平掉一半的空头头寸。F点这

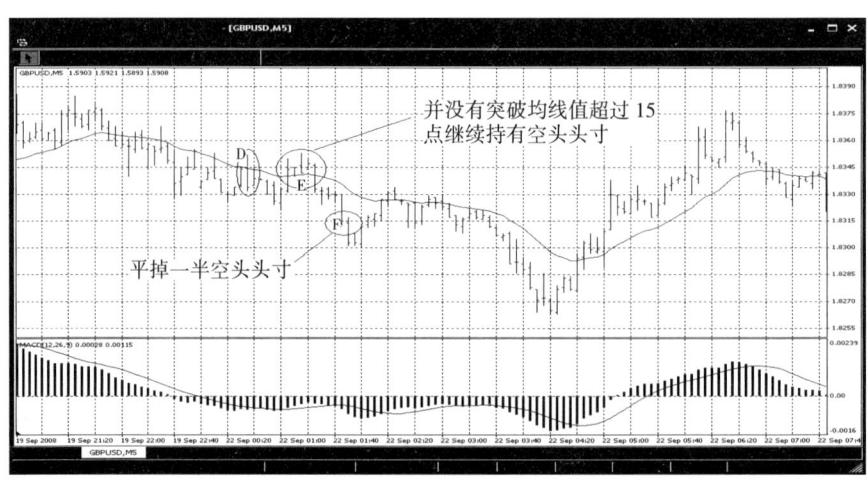

图 4-1-15

个减仓目标位置是由进场位置减去减仓位置与初始止损的绝对值得到的。

利用复合式头寸了结一半仓位之后,我们继续持仓,不过为了保护此前的战果,不至于反胜为败,我们需要采取止损跟进的措施,于是我们需要移动初始止损到盈亏平衡点位置。如图 4-1-16 所示,我们将剩余头寸的止损点移动到 G 点。

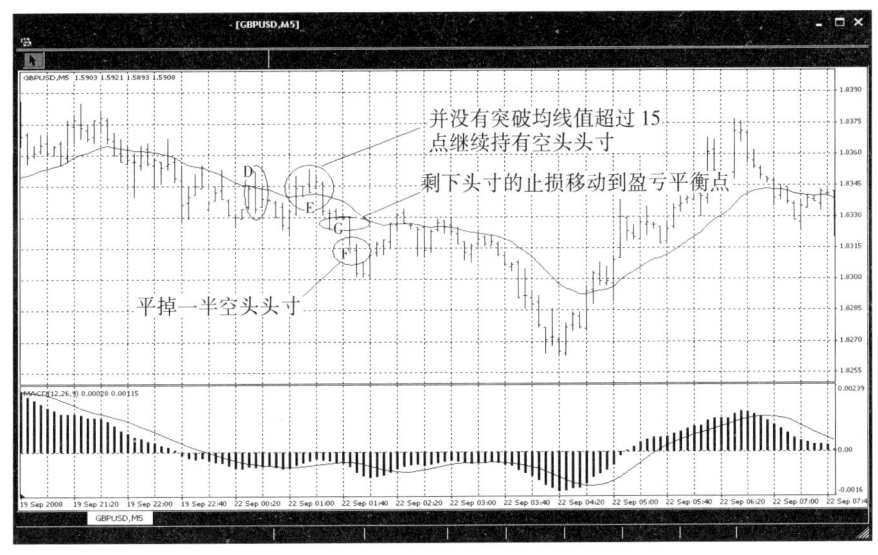

图 4-1-16

剩下的一半空头头寸乘着下跌趋势而行,如图 4-1-17 所示。英镑兑美元的汇价在 H 点和 I 点两处反弹,但是并没有突破 20 期指数移动均线超过 15 点,于是我们继续持仓。

汇价继续下跌,不过很快极速反转,如图 4-1-18 所示。汇价在 J 圈处突破 20 期指数移动均线超过 15 点,于是我们了结一切空头头寸。

通过以上的例子,我们基本把 5 分钟动量交易系统在英镑兑美元交易中的使用流程搞清楚了。无论是做多交易还是做空交易,最为根本的一点在于搞清楚出场的条件,这是比进场更为重要的因素。

每个货币对都有自己的特点,比如英镑兑美元的特点就是在欧洲市

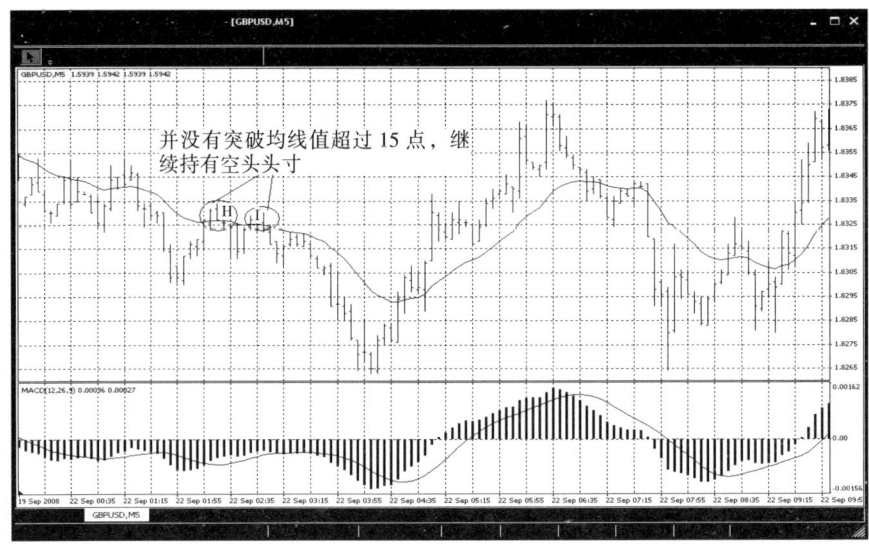

图 4-1-17

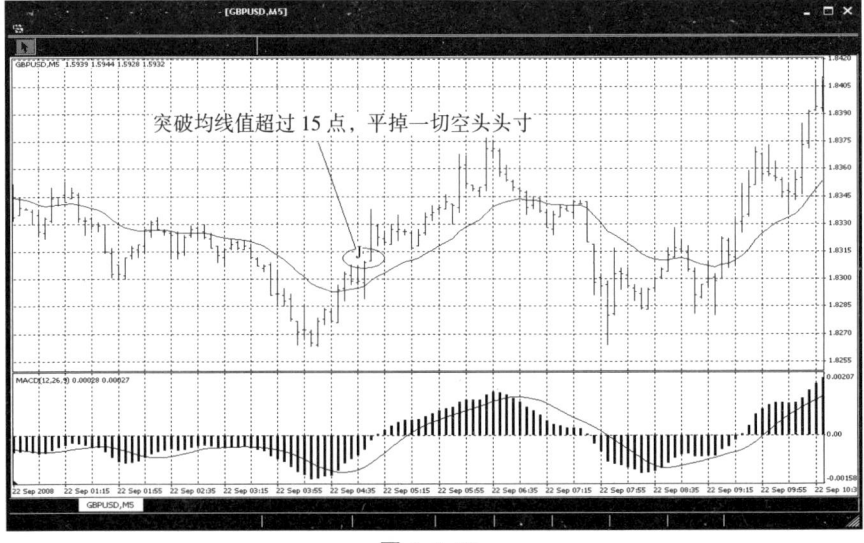

图 4-1-18

场运行期间表现最为活跃,其单边走势大多出现于此,同时它的日内变动剧烈,每个市场开盘期间容易受到短期的操纵,不少大银行的交易员都会利用开盘时段来触及大众交易者设定的止损盘。5 分钟动量交易法是关天豪个人总结出来并得到内部推广的方法，这并不意味着只有他一个人掌握了这套方法，肯定有其他人也总结出了类似的方法，但其中的原理应该是共同的，那就是"驾驭动量+资金管理"。

第二节 欧元兑美元的 m5 动量交易实例

欧元是外汇市场中的"大盘股"，交易量巨大，远大于英镑等投机品种，所以其走势更为稳定，出现短线剧烈波动的概率较小，适合初学者操作。在本节我们将演示 5 分钟动量交易系统在欧元兑美元上的运用。欧元兑美元是交易量最大的货币对，欧元兑日元、欧元兑英镑、欧元兑瑞士法郎等币种我们一般很少参与，即使参与也是为了对冲的缘故。

我们从做多和做空两个角度来演示欧元兑美元的 5 分钟动量交易方法。第一个例子我们从做多的角度进行演示。如图 4-2-1 所示，这是欧

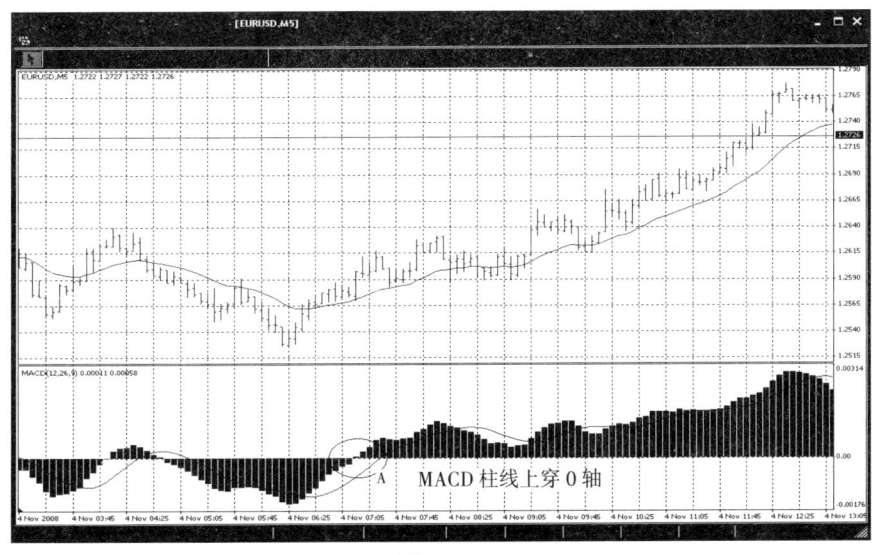

图 4-2-1

元兑美元的 5 分钟走势图，第一步查看 MACD 柱线是否上穿 0 轴。在本例中，MACD 柱线在 A 圈处出现了一次上穿（当然 A 之前也有一次短暂的上穿，介入后会触及初始止损出场，为了便于演示做多欧元兑美元的整个过程，我们选择 A 处的信号来演示），进场做多的第一个条件得到了满足。

第二步，我们查看对应于 MACD 柱线上穿 0 轴附近（上穿后 5 根柱线之内）是否出现了汇价上穿 20 期指数移动平均线。如图 4-2-2 所示，在 B 圈处，汇价上穿 20 期移动均线，我们在上穿信号发生时对应均线值之上 10 点附近入场做多。

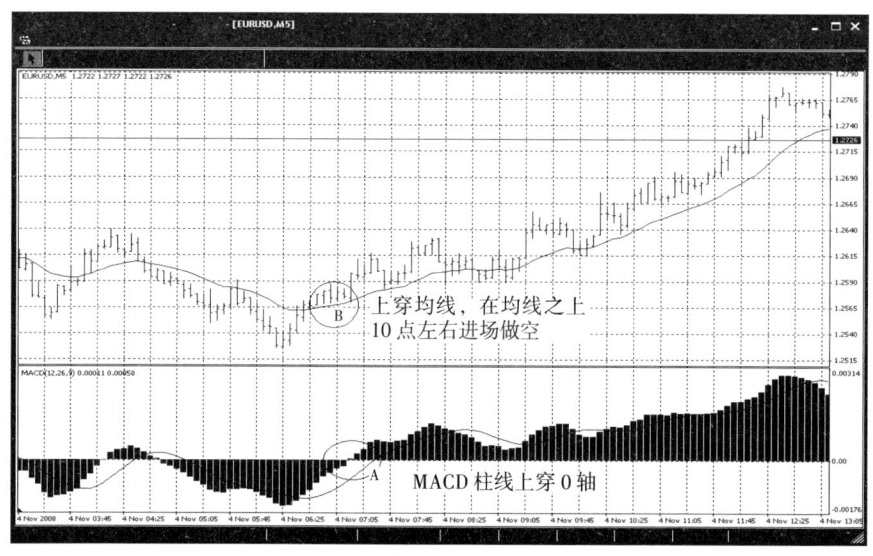

图 4-2-2

第三步，遵循"先立于不败之地，而后求胜"的原则，我们在进场做多后，应该立即设定合理的初始止损。如图 4-2-3 所示，在本例中我们采用保守性初始止损，也就是入场点对应的均线值之下 20 点设定止损，在本例中也就是图 4-2-3 中的 C 圈处。

第四章　5分钟动量交易系统外汇交易的具体实例

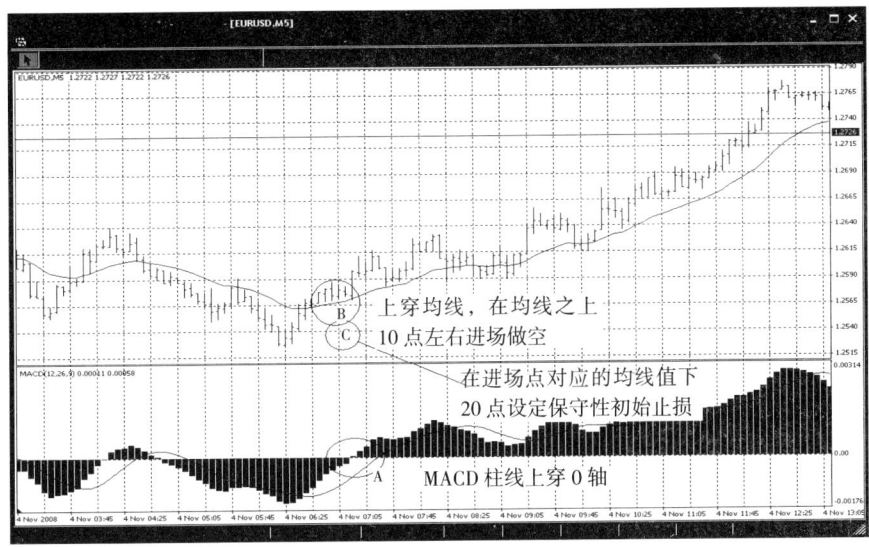

图 4-2-3

此后，欧元兑美元汇价一路攀升，如图 4-2-4 所示。当汇价达到进场价位加上风险幅度时，具体而言就是进场价位加上进场价位和初始止损价位的差值绝对值时了结一半的多头头寸。在本例中，我们在 D 圈处平掉一半的头寸。

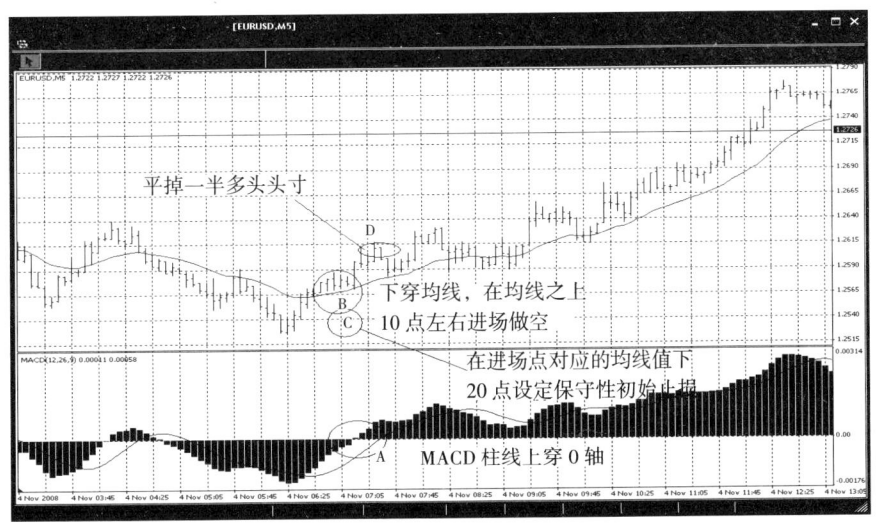

图 4-2-4

根据动量走势的特点，同时照顾到交易者的心理倾向，我们选择了结一部分头寸，采用这种复合式头寸策略也是为了平缓一下心理上的"利润兑现冲动"。在了结部分头寸后，剩下部分头寸乘胜追击，这样可以避免全部兑现利润后行情大幅飙升时后悔。为了保护剩下头寸的"战果"，交易者需要将剩余头寸的初始止损移到盈亏平衡点，如图4-2-5所示，也就是由C点移到E点。需要提醒大家注意的是，止损点移动只能发生在已经兑现了一半头寸利润之后，这个是初学者在使用5分钟动量交易系统时容易出错的地方。

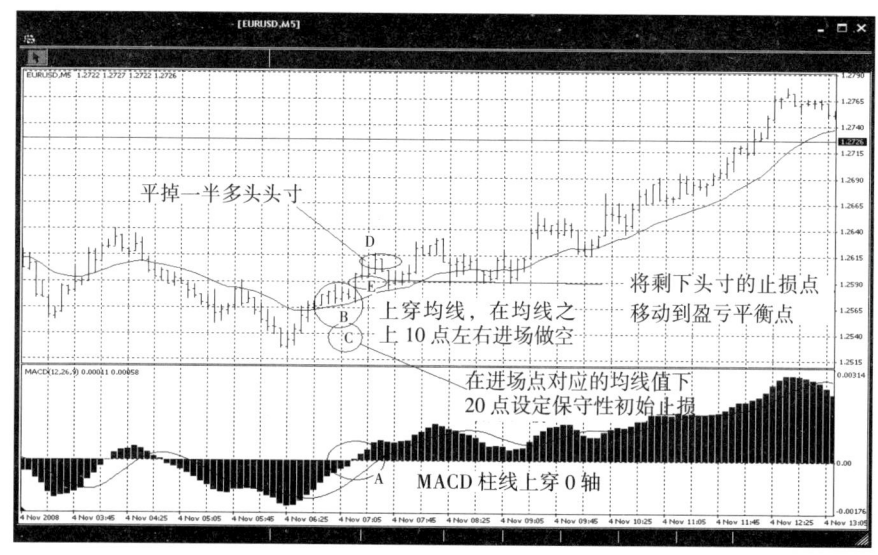

图 4-2-5

此后汇价出现了小幅度回落，如图4-2-6所示。在图4-2-6中F圈处，汇价跌破20期指数移动平均线，但是并没有超过平仓的幅度（我们设定欧元兑美元的移动止损幅度是突破或者跌破20期指数移动平均线超过20点），也没有触及移动后的固定止损点，具体而言就是没有触及E点处的止损，因此我们继续持有欧元兑美元的多头头寸。

● 第四章　5分钟动量交易系统外汇交易的具体实例 ●

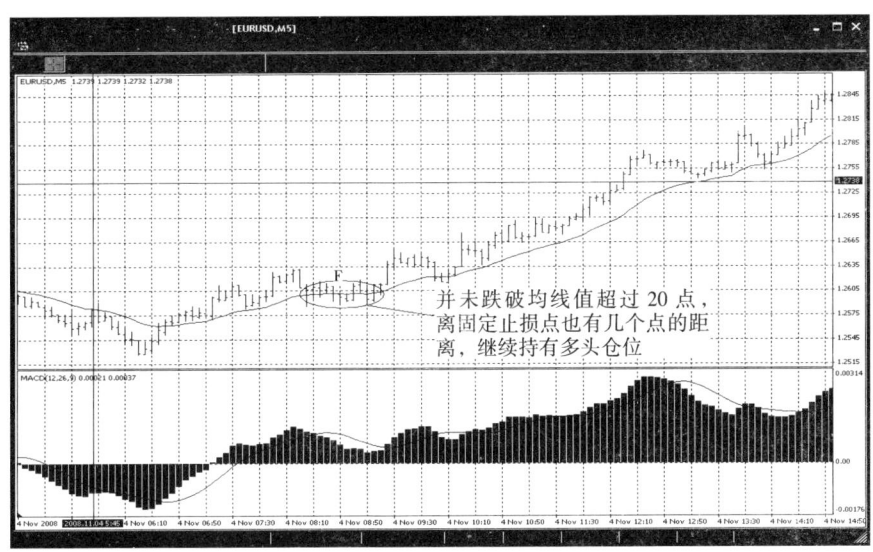

图 4-2-6

"让利润奔腾"是我们留下一半头寸的根本原因，在本例中汇价一路上升到 G 点处出现了回调，如图 4-2-7 所示。汇价在该处跌破 20 期指数移动平均线，但是并未超过 20 点的幅度，所以我们继续持有剩下的多头

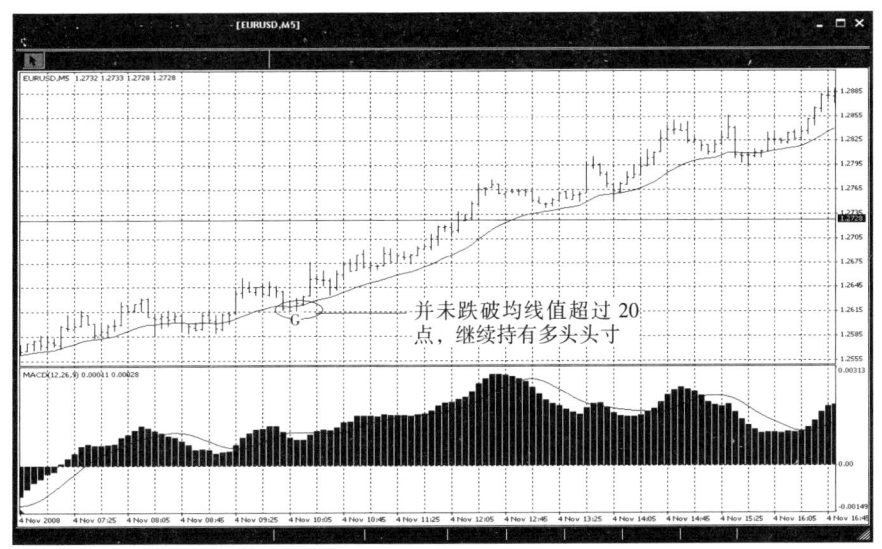

图 4-2-7

头寸。

这次多头交易非常顺利,借助动量的初始启动和趋势的助力,多头头寸的盈利继续增长,如图 4-2-8 所示。G 点之后,欧元兑美元在 H 点处出现了回调,虽然跌破 20 期指数移动均线,但是并没有超过 20 点的幅度,所以继续持有多头头寸。

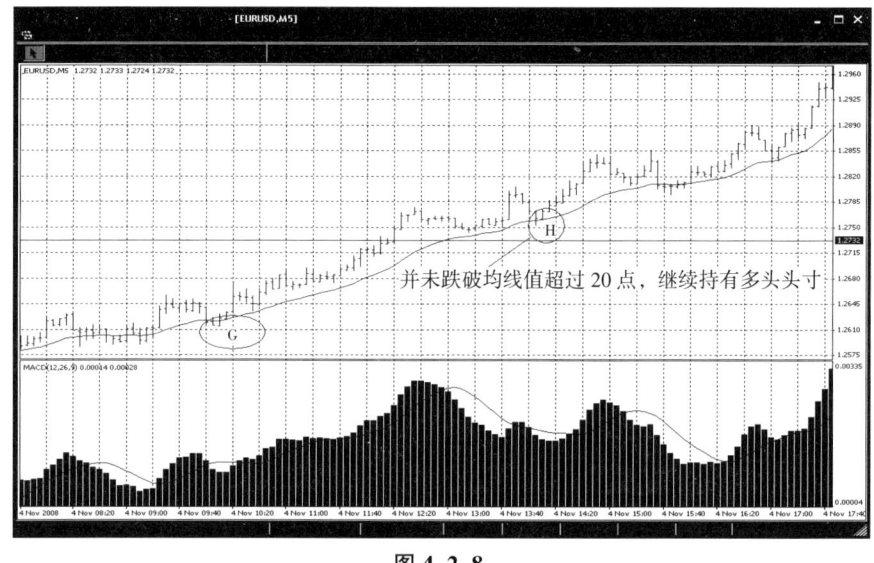

图 4-2-8

H 点之后,汇价小幅上扬之后出现了回调,如图 4-2-9 所示,在 I 圈处出现了跌破 20 期指数移动平均线的走势,但是也并未超过 20 点的幅度,所以继续持有多头头寸。

如图 4-2-10 所示,欧元兑美元走势震荡上行,此后在 J 点处又一次出现了下跌,但没有跌破均线超过 20 点,于是我们继续持有多头头寸。

如图 4-2-11 所示,欧元兑美元汇价上升到 1.3000 附近之后出现了较长时间的横盘,此后汇价跌破 20 期指数移动平均线,并且超过 20 点,于是我们平掉一切多头头寸,获利出场。

第四章 5分钟动量交易系统外汇交易的具体实例

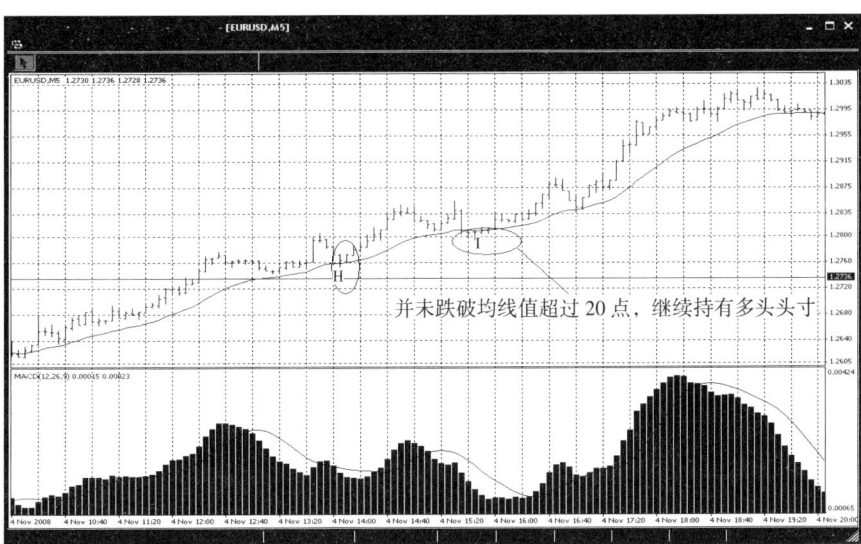

图 4-2-9

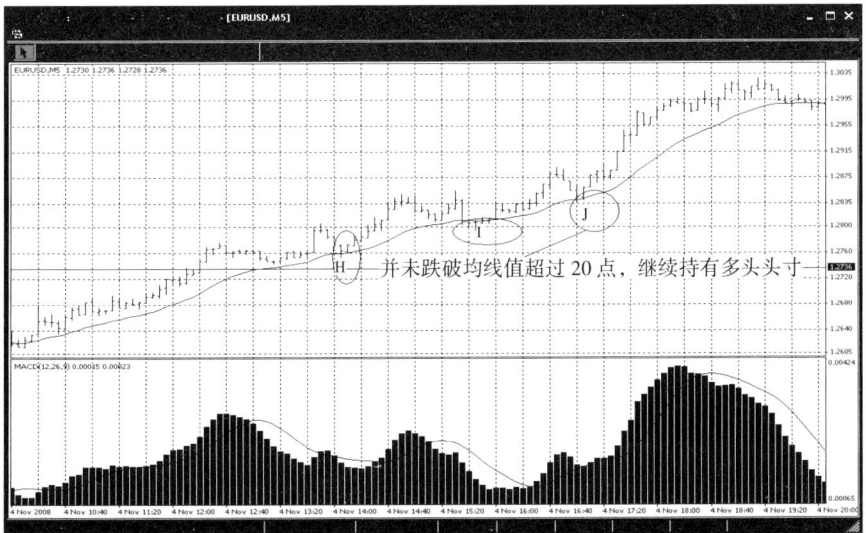

图 4-2-10

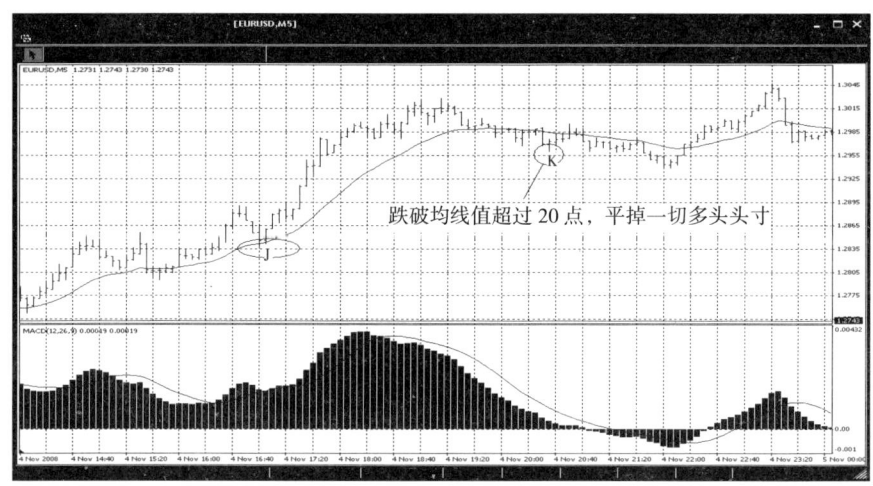

图 4-2-11

上面是一个欧元兑美元 5 分钟动量做多交易的例子,下面我们演示一个欧元兑美元 5 分钟做空交易的例子。

在股票市场,股价下跌的速度要快于上涨的速度,在外汇市场上六大直盘货币对也存在这种现象,不过没有股票市场那么明显。虽然是动量交易,但是做空交易要比做多交易更适合一些,不过这只是关天豪个人长期积累下来的感受而已,是否如此还需要更多数据上的分析。

如图 4-2-12 所示,A 圈处的 MACD 柱线由上向下穿越 0 轴,向下的动量爆发,进场做空的第一个条件已经具备了,接下来需要寻找均线穿越的信号。

对应于 MACD 柱线的汇价也向下穿越了 20 期指数移动平均线,如图 4-2-13 所示。B 圈处的汇价向下跌破了均线,在跌破均线值之下 10 点左右进场做空。为什么是 10 点?第一个目的是过滤虚假突破,第二个目的是避免追涨杀跌,在极差的位置入场。

相对于英镑兑美元,欧元兑美元的走势更为稳定,所以欧元兑美元更适合保守性止损,而英镑兑美元则可能更适合激进性止损。不过本书

第四章 5分钟动量交易系统外汇交易的具体实例

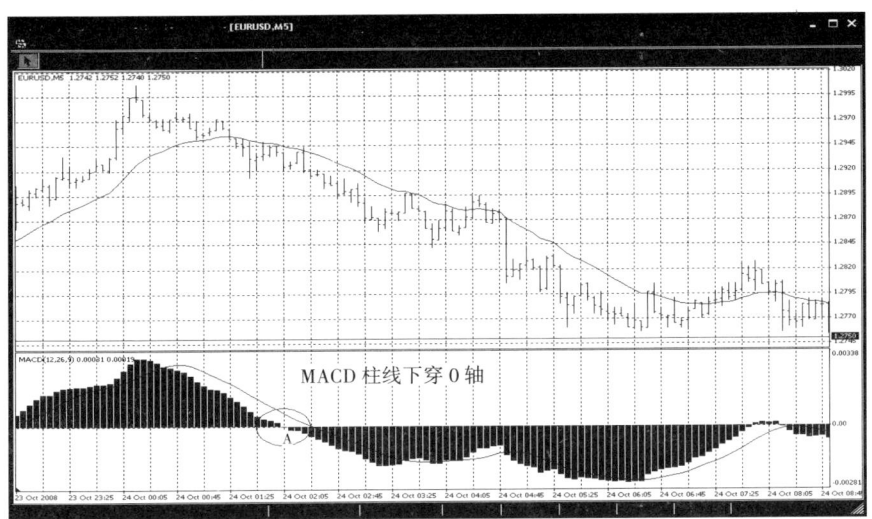

图 4-2-12

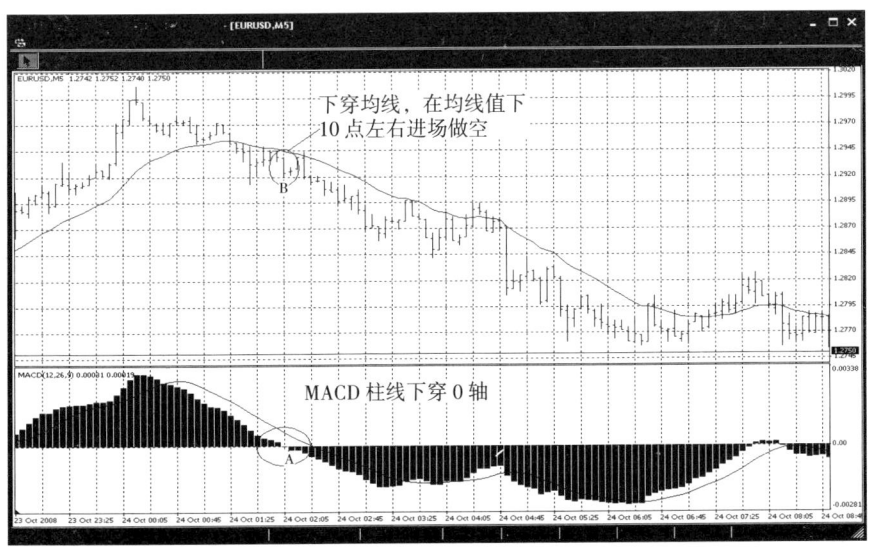

图 4-2-13

的实例都以保守性止损为例，一方面是为让初学者养成谨慎和保守的交易态度，另一方面是保守性止损比较固定，便于初学者掌握。在本书附录的交易策略测试中，会混合使用两种止损策略。

如图 4-2-14 所示,在进场点对应的均线值之上 20 点设定保守性初始止损,具体而言就是图 4-2-14 中 C 圈处设定止损,如果汇价反弹触及止损,则亏损大约为"30 点+点差值"。

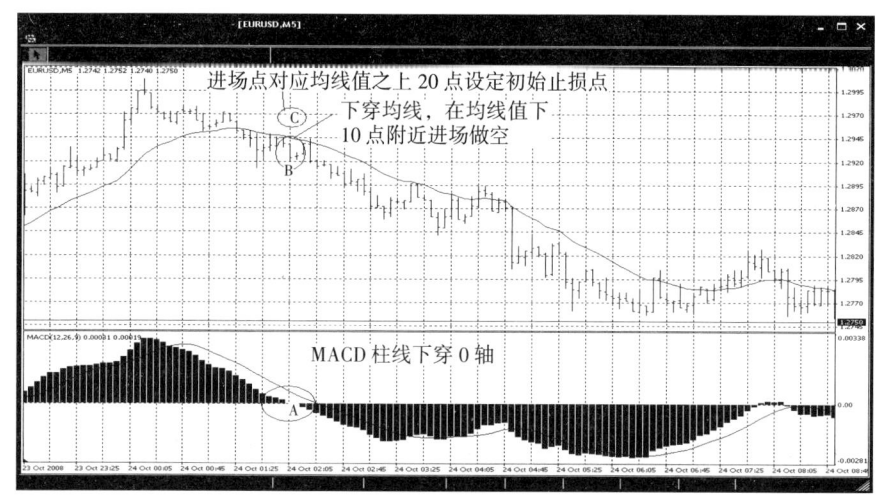

图 4-2-14

进场之后,汇价一路下跌,并没有出现像样的反弹,很快就到了减仓的位置,做空交易减仓目标价位的计算是进场价位减去风险幅度,所谓风险幅度也就是进场价位和初始止损价位差值的绝对值。在本例中,如图 4-2-15 所示,汇价跌到 D 点时平掉一半的空头头寸。

减仓达到了部分利润"落袋为安"的目的,同时我们还需要将止损移动到盈亏平衡点,也就是将止损移动到除去点差值的价位。无论是减仓还是跟进止损,都是为了应付动量走势的反复情形,避免转盈为亏。如图 4-2-16 所示,我们将初始止损点向下移动到 E 点。

移动了止损点之后,欧元兑美元的汇价继续下跌。如图 4-2-17 所示,汇价下跌之后在 F 圈处出现了反弹,但突破 20 期指数移动平均线并未超过 20 点,所以我们继续持有剩余的空头头寸。

第四章 5分钟动量交易系统外汇交易的具体实例

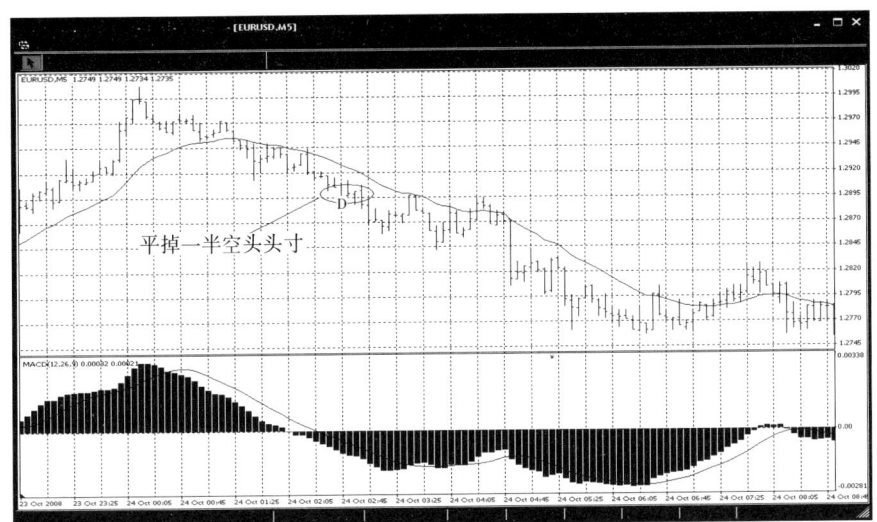

图 4-2-15

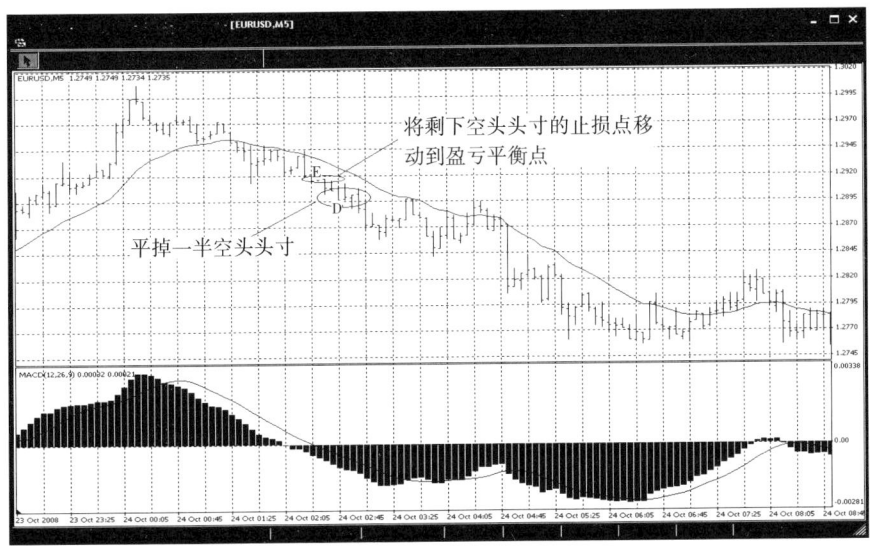

图 4-2-16

F 点之后，汇价继续大幅度下跌，如图 4-2-18 所示。在 G 圈处，可能由于获利空头买入了结，使得汇价反弹，但是该点的反弹并没有超过均线值 20 点，所以我们继续持有空头头寸。

— 81 —

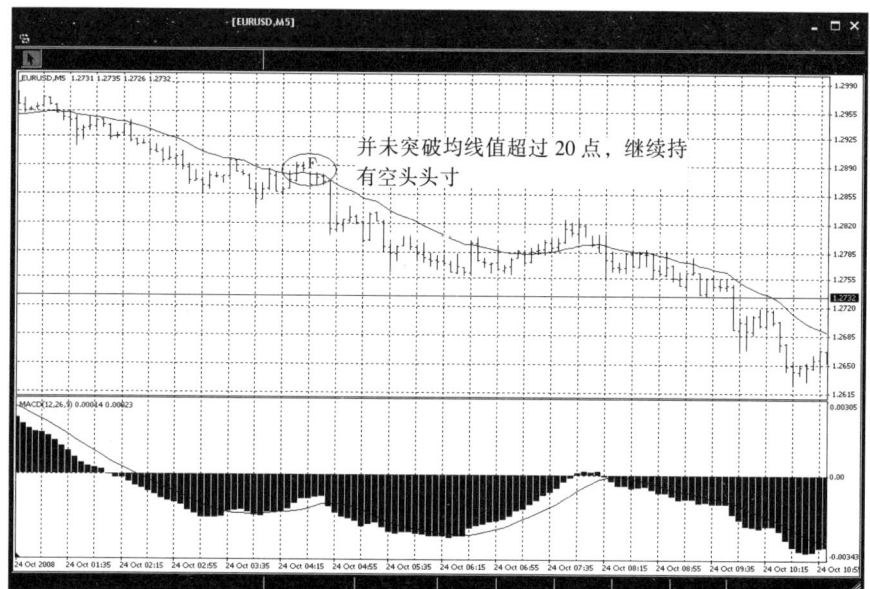

图 4-2-17

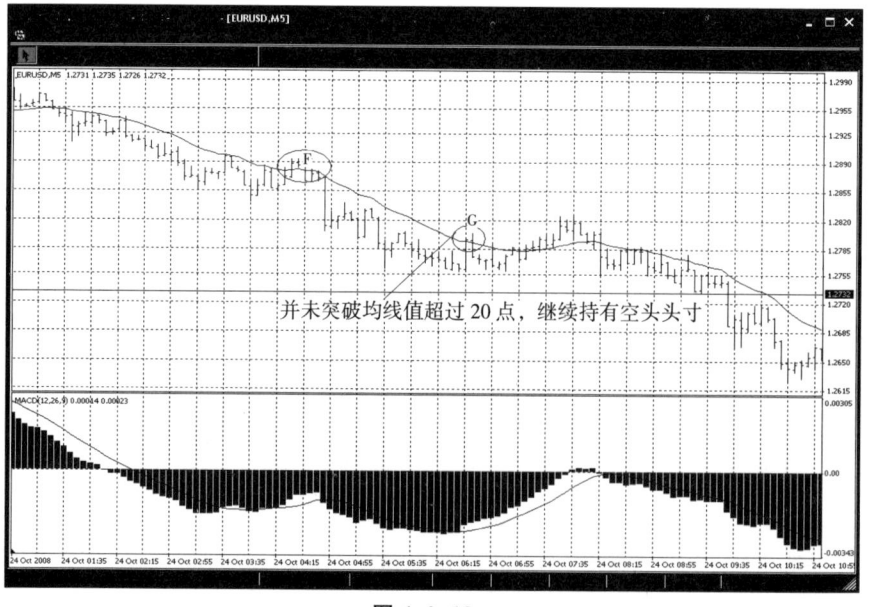

图 4-2-18

G 点之后，欧元兑美元继续下跌，在 1.2765 附近大幅度反弹，如图

4-2-19 所示。在 H 圈处，汇价反弹突破均线值超过 20 点，于是我们了结一切空头头寸。

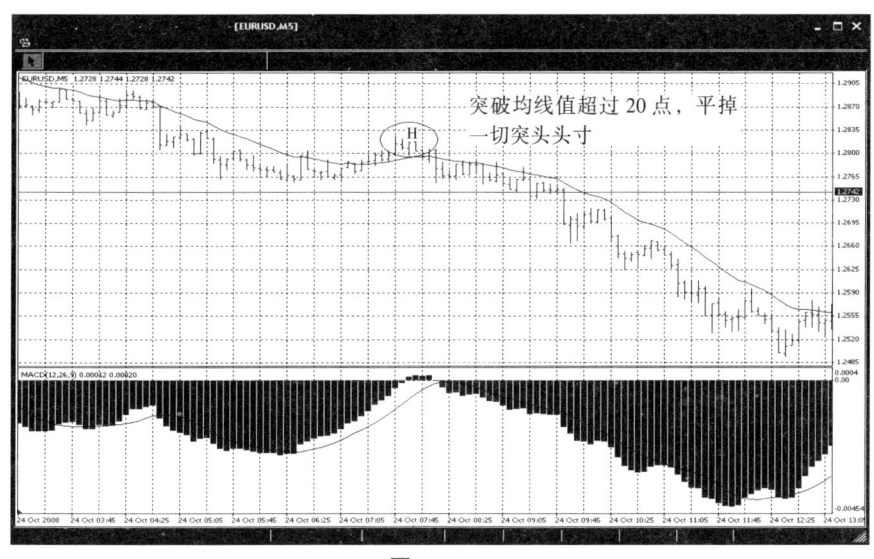

图 4-2-19

在本节中，我们向大家演示了如何利用 5 分钟动量交易系统进行欧元兑美元的短线交易。通常而言，欧元兑美元交易在使用 5 分钟动量交易的时候比英镑兑美元交易的胜率更高，但是平均报酬率稍低，初学者最好先在欧元兑美元上熟悉这套系统，有所小成之后再去其他货币对试用。需要提醒本书读者的是，任何一个系统只有当你充分熟悉之后才能恰当地运用它。

第三节 美元兑瑞士法郎的 m5 动量交易实例

当美洲大陆出现地缘政治问题的时候，瑞士法郎是较好的避险货币；

而当欧亚大陆出现地缘政治问题的时候，美元才是较好的避险货币。所以，初学者切忌一听说瑞士法郎是避险货币，就不分青红皂白，只要有地缘政治风险爆发就买入瑞士法郎卖出美元。

瑞士法郎不仅是避险货币，也与英镑和日元一样是投机货币。既然是投机货币，自然非常适合日内动量交易，不过由于其点值较小，相比英镑而言，更适合初级投机者。

瑞士法郎又被称为欧元的"镜像货币"，欧元好比板块中的龙头股，瑞士法郎则是跟着"龙头"走。在本节，我们将向大家演示如何利用5分钟动量交易系统交易瑞士法郎兑美元，第一个例子是做空交易，也就是卖出美元买入瑞士法郎，图形上看是做空，而对瑞士法郎而言则是做多。

图 4-3-1 是美元兑瑞士法郎的 5 分钟走势图，在 A 圈处 MACD 柱线向下穿越 0 轴，进场做空的第一个必要条件得到满足。

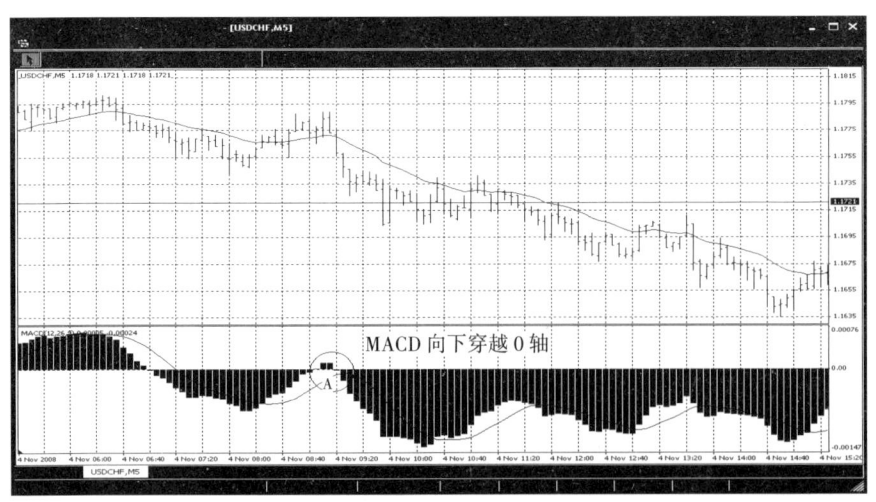

图 4-3-1

第二步，我们寻找对应于 MACD 柱线下穿点的汇价下穿均线。如图 4-3-2 所示，在 B 圈处，汇价出现了大幅度的下跌，跌破了 20 期指数移动平均线。于是我们在跌破处均线值之下 10 点左右进场做空。

第四章 5分钟动量交易系统外汇交易的具体实例

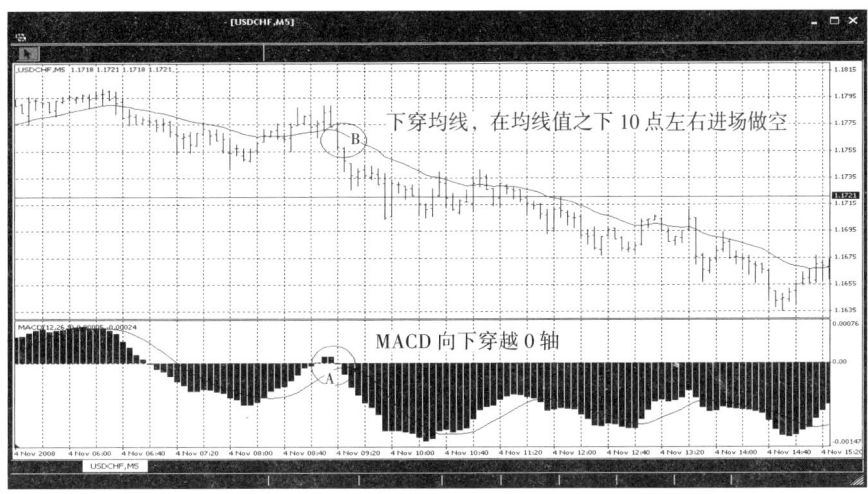

图 4-3-2

进场之后马上要着手做的就是设定初始止损,有时候进场的同时就设定了,如果没有及时设定这个止损,遇到数据行情很可能出现远远超过自己预期的亏损。如图 4-3-3 所示,在进场点对应均线值之上 20 点设定保守性初始止损,具体而言就是在图 4-3-3 中 C 点处设定止损。

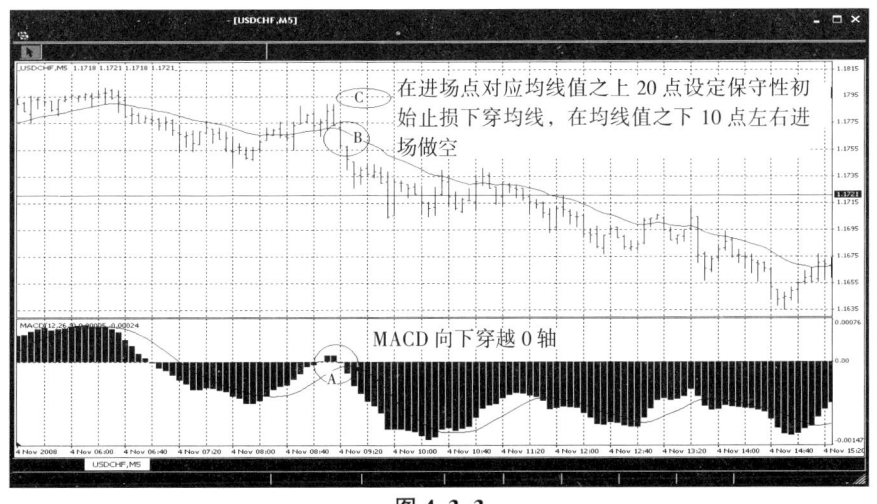

图 4-3-3

有了止损的保护，我们就能更好地进攻。任何成功的进攻都是基于完备的防守的。如果你想成为一个成功的外汇交易员，就需要牢记这一训条，这也是关天豪在外汇交易中为自己立下的规则。

设定初始止损之后，汇价大幅度下跌，如图4-3-4所示。很快汇价就到了减仓目标位置。当汇价达到图4-3-4中D圈处，我们了结一半空头头寸。

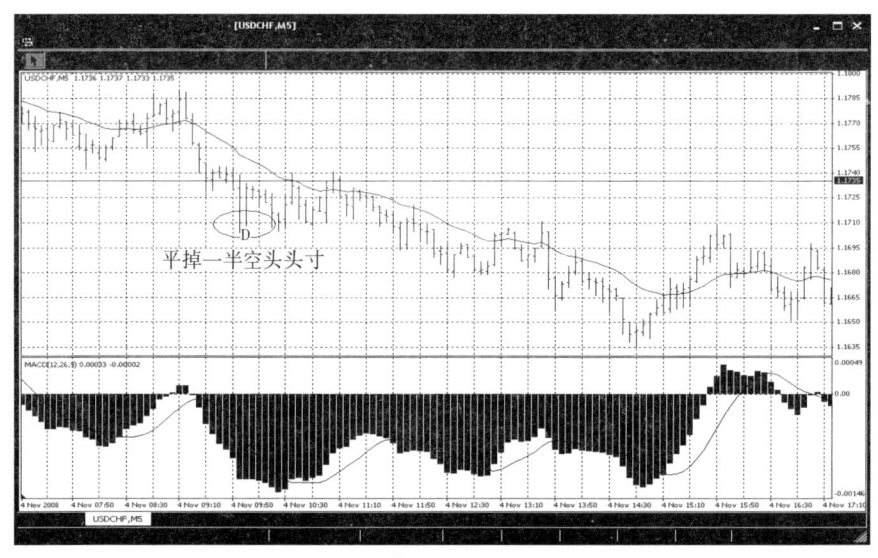

图 4-3-4

了结一半空头头寸之后，要立即着手将止损点下移到E点代表的盈亏平衡点，如图4-3-5所示，这样可以避免剩余头寸出现亏损。

在移动了固定止损点之后，美元兑瑞士法郎继续下跌，如图4-3-6所示。在图4-3-6中F点处，汇价反弹突破20期指数移动平均线，但是并没有超过20点，所以我们继续持有空头头寸。

F点之后，汇价在G点处出现了反弹，如图4-3-7所示。但是汇价突破均线之后并没有超过20点，于是我们继续持有空头头寸。

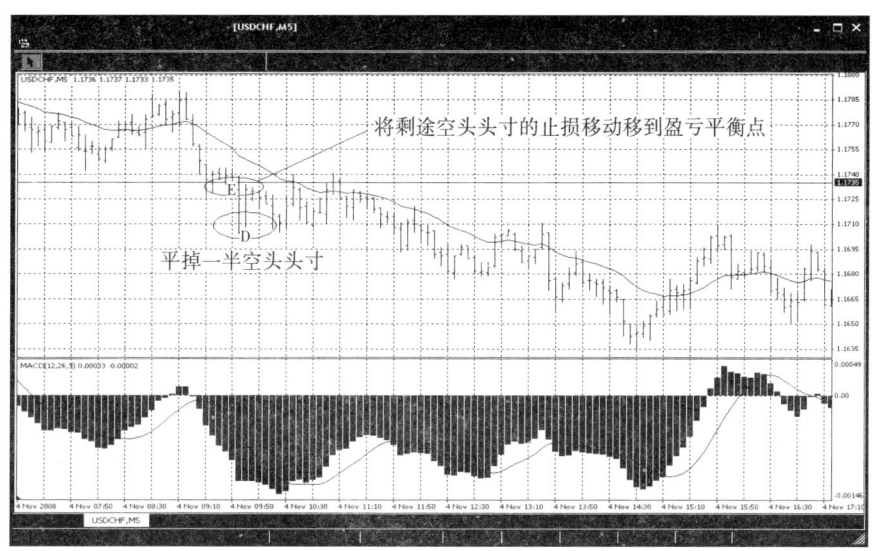

图 4-3-5

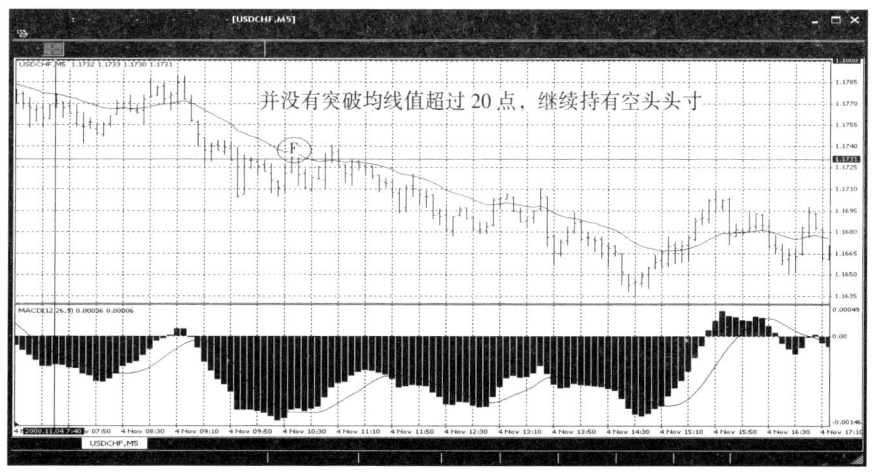

图 4-3-6

美元兑瑞士法郎继续跳水，这一半追击头寸，让我们能够不断扩大战果，这也是坚持复合式头寸的一个具体好处。如图 4-3-8 所示，汇价跌到 1.1680 附近后出现了显著的回升，在 H 点很快突破了 20 期指数移动平均线，但也跟前一次反弹一样，只是昙花一现，并未超过 20 点，所以我们继续持有空头头寸。

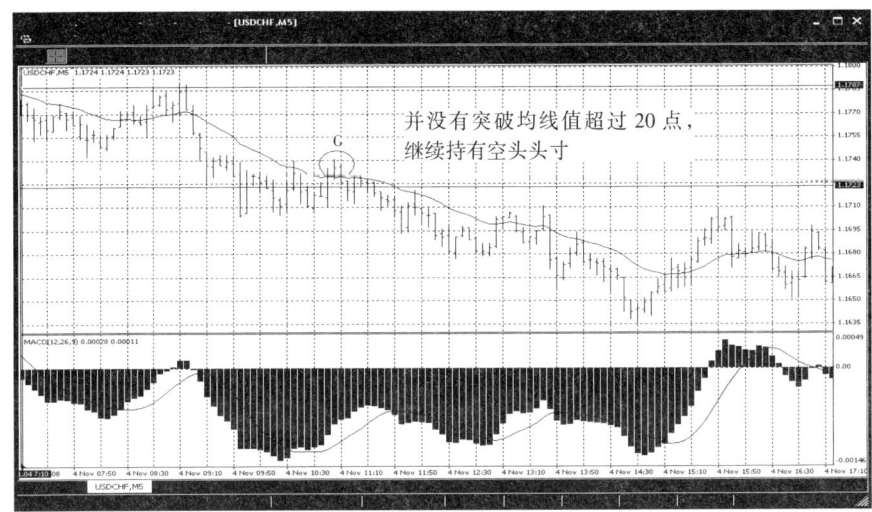

图 4-3-7

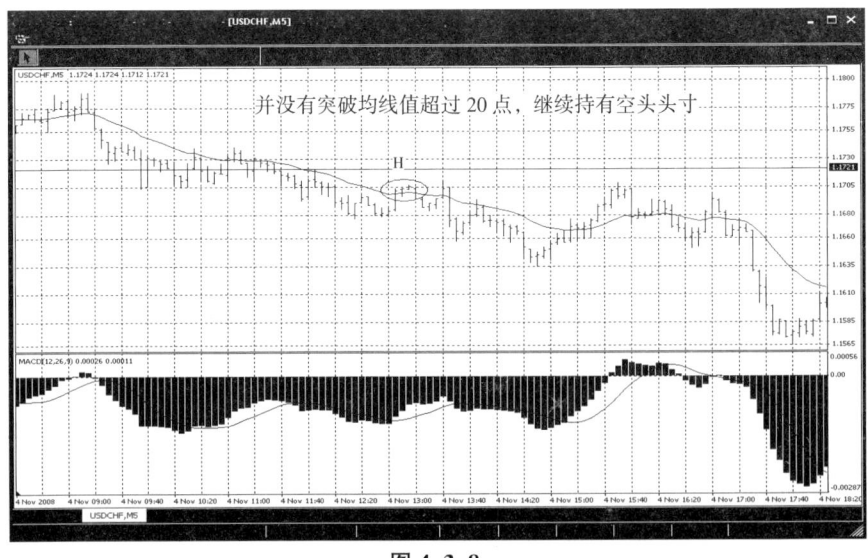

图 4-3-8

汇价于 H 点反弹之后再度下探，于 I 圈处反弹，如图 4-3-9 所示。汇价向上突破 20 期指数移动平均线并未超过 20 点，于是我们耐心持仓，让利润自己照顾好自己。

第四章 5分钟动量交易系统外汇交易的具体实例

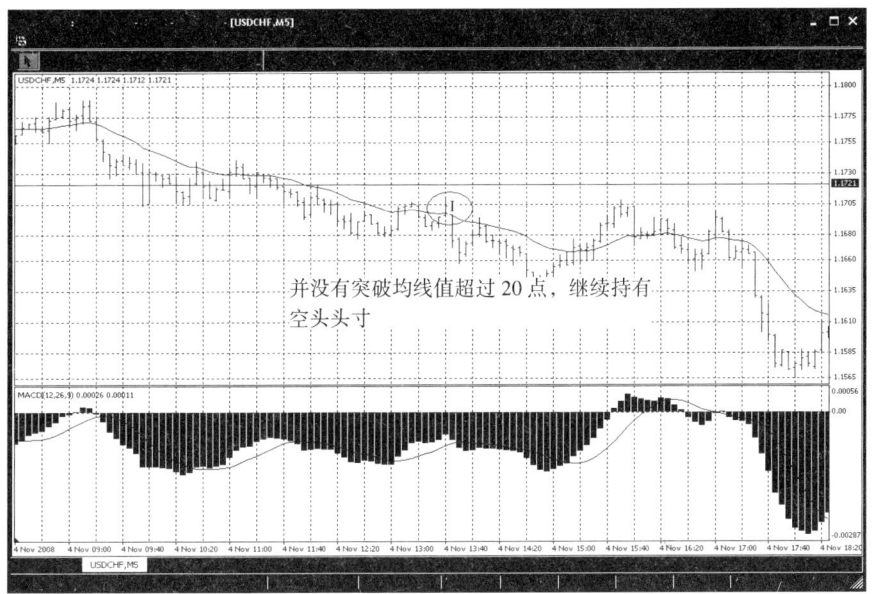

图 4-3-9

I 点反弹回升失败之后，汇价又在 J 点处出现了反弹，如图 4-3-10

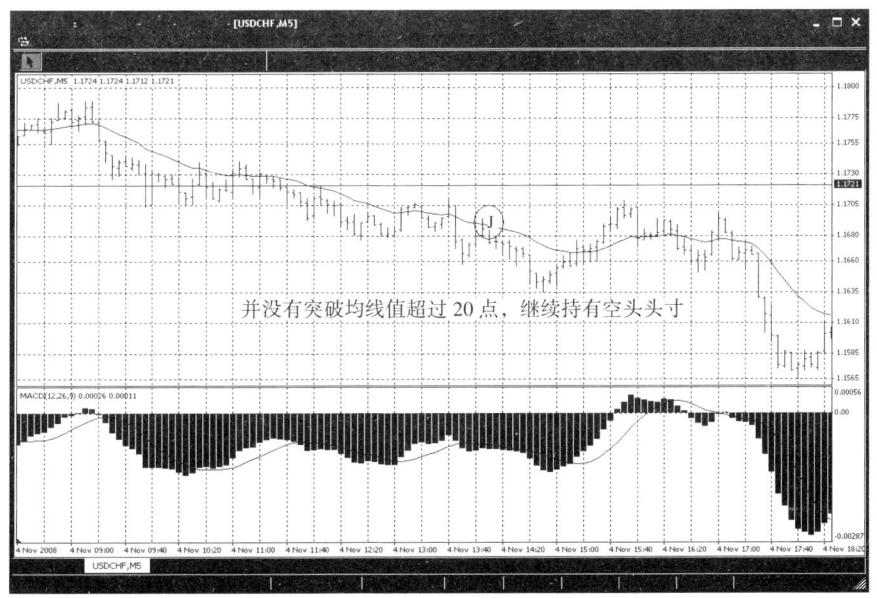

图 4-3-10

所示。这次反弹也未能突破 20 期指数移动平均线超过 20 点，于是我们继续持有空头头寸。

美元兑瑞士法郎的汇价一度下跌到 1.1630 附近，然后展开下跌以来最大幅度的反弹，如图 4-3-11 所示。在图 4-3-11 中 K 点处，汇价突破均线值超过 20 点，于是我们了结一切空头头寸。

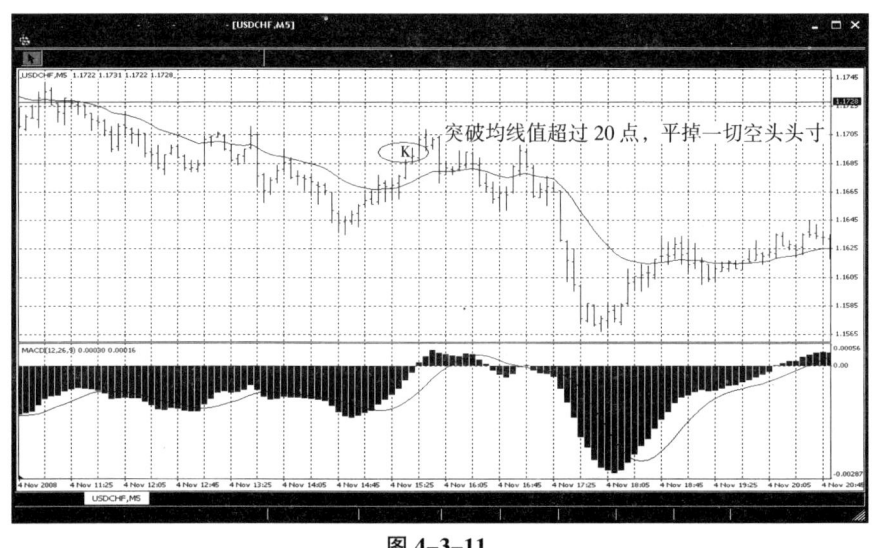

图 4-3-11

下面我们演示一个利用 5 分钟动量交易系统做多美元兑瑞士法郎的例子，我们按照第三章介绍的 5 分钟动量交易方法的步骤来操作。第一步，查看 MACD 柱线穿越是否发生，在本例中我们查看做多信号。如图 4-3-12 所示，MACD 柱线在 A 圈处向上穿越 0 轴，进场做多的第一个必要条件满足。

第二步，我们查看汇价在 MACD 柱线上穿 0 轴的时候是否上穿 20 期指数移动平均线。如图 4-3-13 所示，汇价在 B 圈处与 20 期指数移动平均线金叉（所谓金叉就是汇价上穿移动平均线），这满足了进场做多的第二个必要条件。两个进场做多的必要条件都具备了，我们应该在汇价均线金叉点之上 10 点附近进场做多。

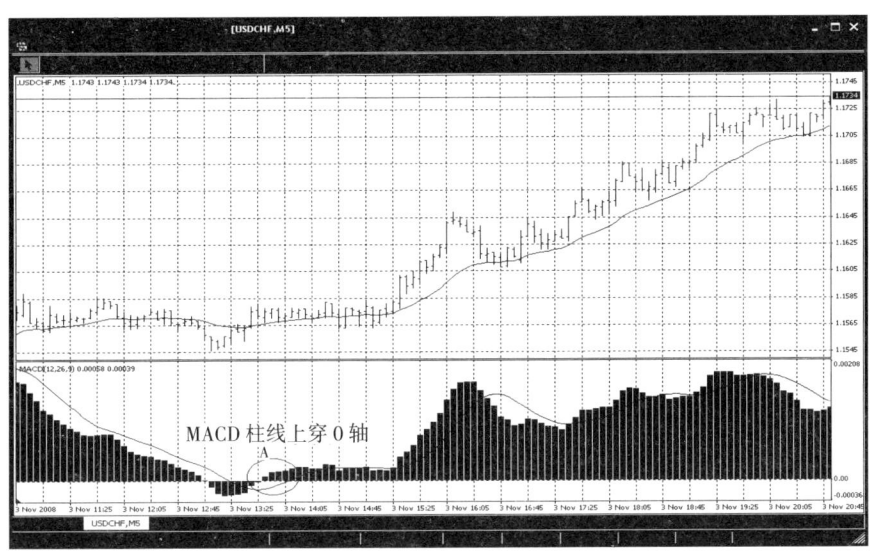

图 4-3-12

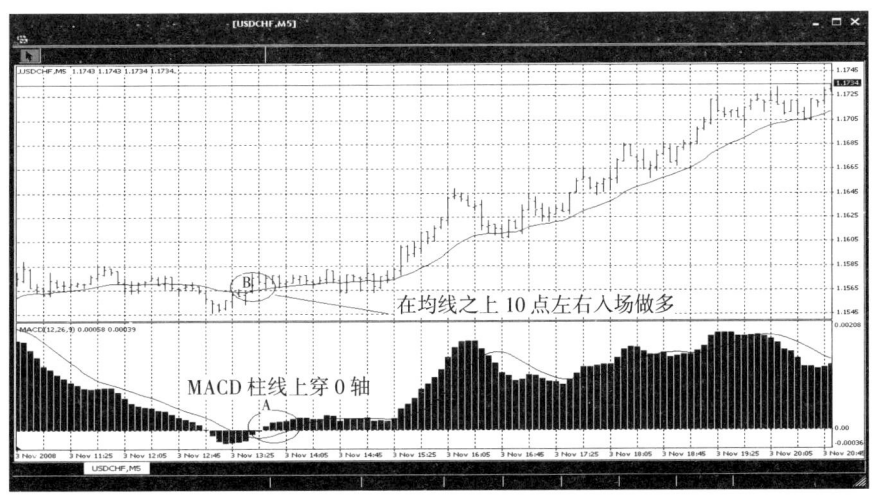

图 4-3-13

这里反复强调的一点是进场之后的初始止损设定，这个步骤比进场更为重要，大家需要特别注意，无论采用什么样的方法进场，都需要依据一个合理的方法出场。如果你认真看了《黄金高胜算交易》一书就会知道，可以说出场位置的重要性是第一位的。出场是防守，进场是进攻，如果没有妥当的防守策略，就不应该发动进攻。本套丛书中 25 位顶尖职业交易员的交易系统没有太多共同点，不过有一点是共同的，那就是绝对重视出场点的合理性。

在本例中，如图 4-3-14 所示，我们在 B 圈处进场之后，在 C 点处设定止损，具体的设定止损的方法就是在进场点对应均线值之下 20 点设定保守性止损。

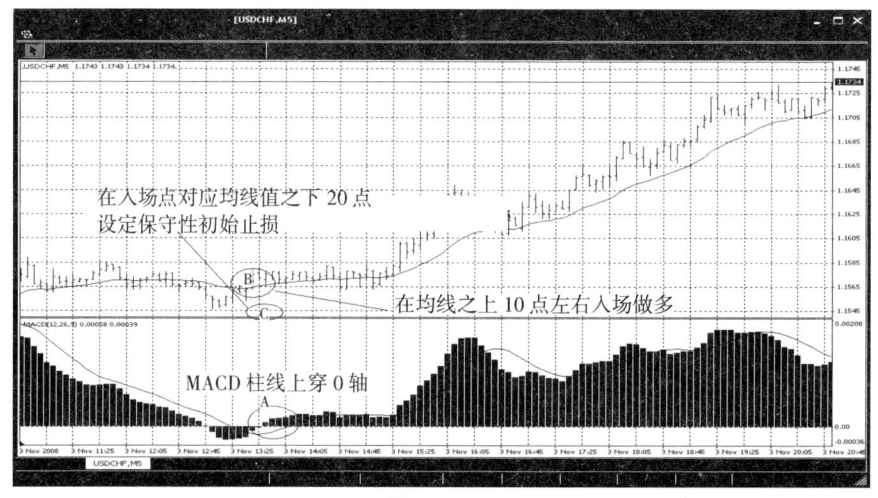

图 4-3-14

进场之后，汇价几乎水平震荡，如图 4-3-15 所示。在 D 圈处，汇价跌破了 20 期指数移动平均线，但是并没有超过 20 点，更没有触及保守性初始止损，所以我们继续持有多头头寸。

经历了 D 圈处的震荡，汇价开始爬升，如图 4-3-16 所示。汇价达到了减仓位置，于是我们在图 4-3-16 E 点处平掉一半的仓位。

第四章 5分钟动量交易系统外汇交易的具体实例

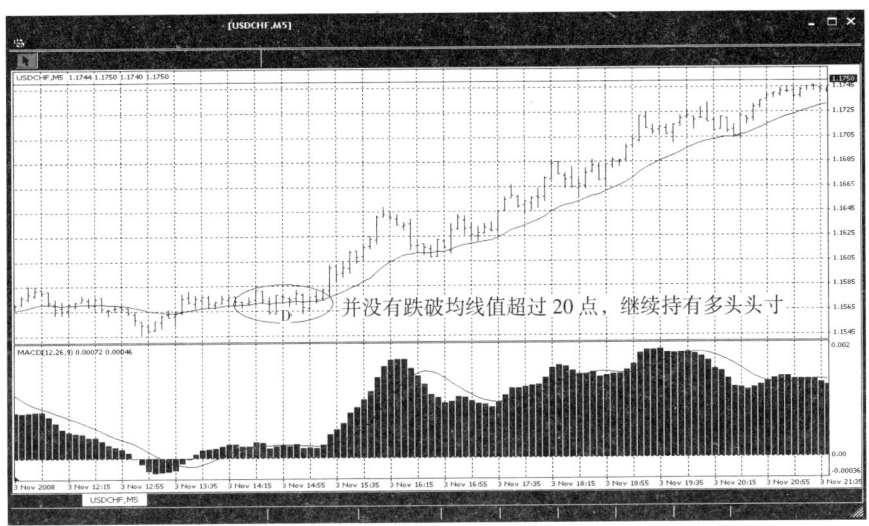

图 4-3-15

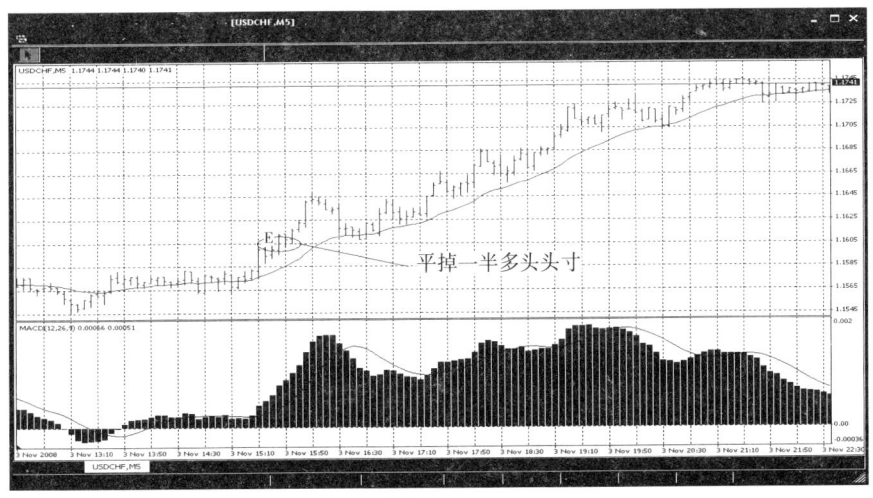

图 4-3-16

了结一半多头头寸之后，我们应该立即将止损点上移到 F 点，如图 4-3-17 所示。F 点是剩余一半多头头寸的盈亏平衡点。

此后，美元兑瑞士法郎一路上涨，如图 4-3-18 所示。在图 4-3-18 中 G 点处，汇价跌破 20 期指数移动平均线，但是跌破均线值并没有超过

20点，所以我们继续持有多头头寸，让剩余这一半头寸的利润充分发展。

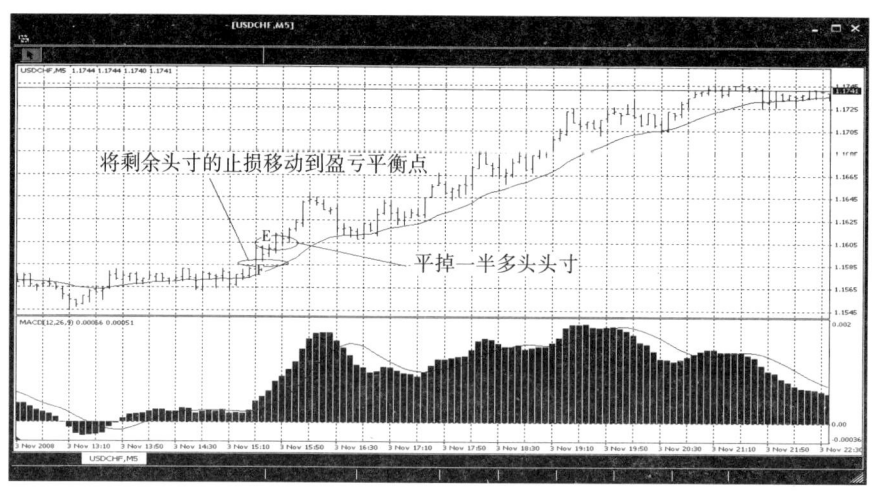

图 4-3-17

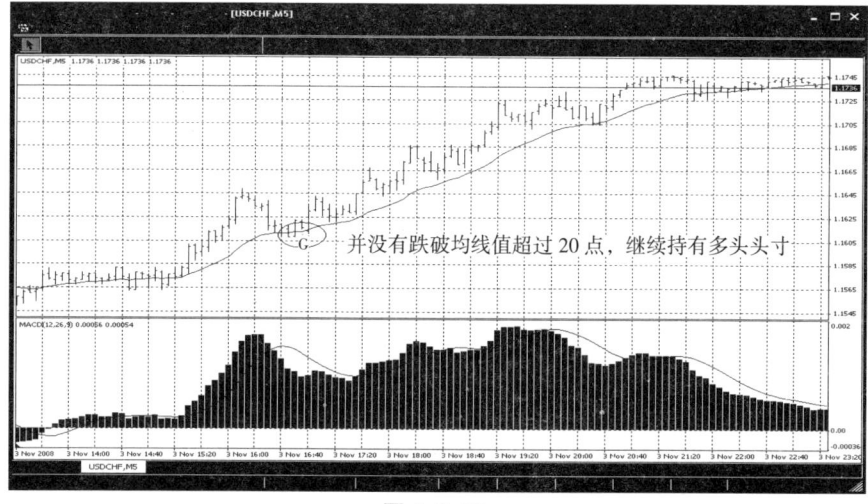

图 4-3-18

G 点之后，美元兑瑞士法郎大幅度攀升，如图 4-3-19 所示。汇价在 1.1728 附近长时间逗留徘徊，在 H 圈和 I 圈处两度跌破 20 期指数移动平均线，但是都没有超过均线值 20 点，于是我们继续持有多头头寸。

• 第四章 5分钟动量交易系统外汇交易的具体实例 •

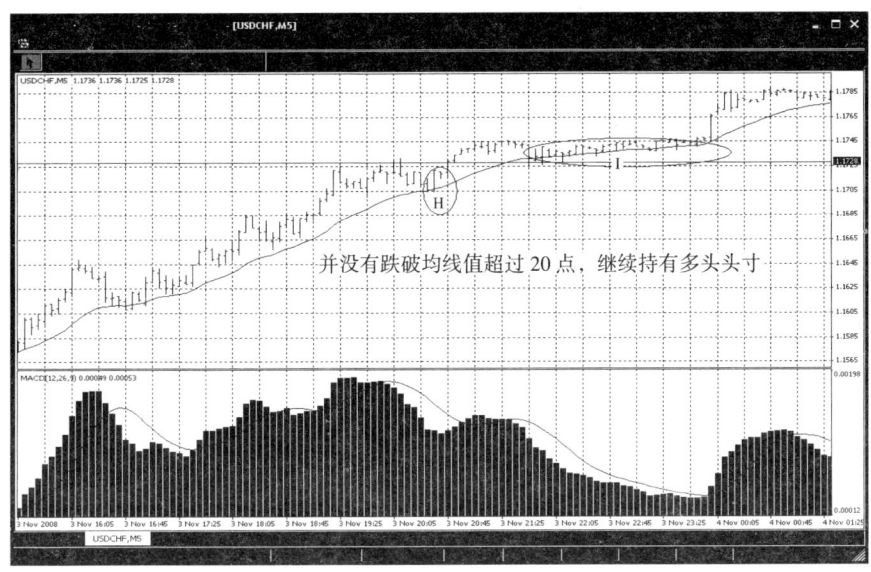

图 4-3-19

汇价上升到 1.1790 附近后出现了大幅的下跌，如图 4-3-20 所示。在图 4-3-20 中 J 圈处，汇价跌破了 20 期指数移动平均线超过 20 点，于是我们了结一切多头头寸出场。

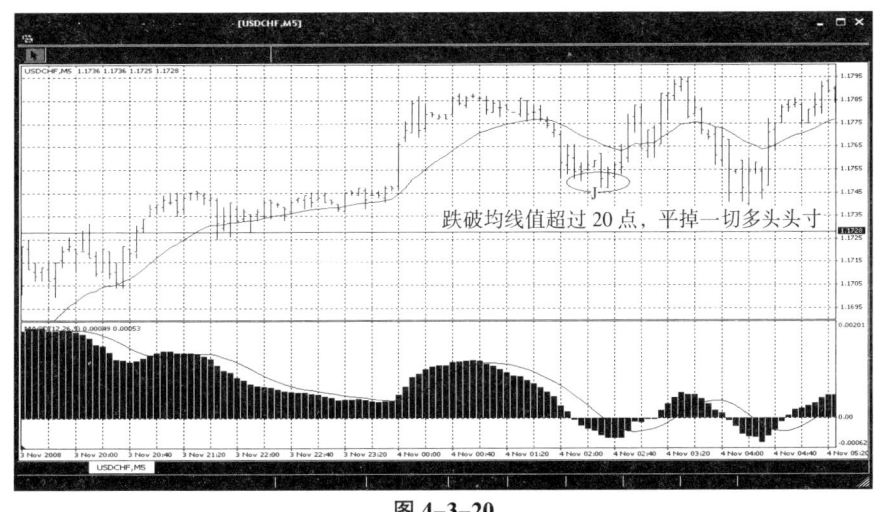

图 4-3-20

美元兑瑞士法郎与欧元兑美元的走势关联度很高，但是由于前者的点值更小，所以更为适合那些资金较少的投机客。当我们把5分钟动量交易系统运用于美元兑瑞士法郎或者欧元兑瑞士法郎时，需要特别关注"动量"，这是因为两个货币对的联动性强，利用联动性我们可以验证某些动量爆发的可靠性。道琼斯利用工业指数和交通指数来相互验证，也有异曲同工之效。

第四节　美元兑日元的 m5 动量交易实例

美元兑日元被认为是自由市场中受到政府干预最多的汇率，想必这点不少初入外汇市场的投机客都知道。日元受到干预时，也就是受到诸如 G7 会议等重大事件影响时，会出现动量十足的走势，这时候 5 分钟动量系统的效果就能得到上乘表现。在本节中，我们将演示美元兑日元的 5 分钟动量交易系统，同前面的一节一样，本节也含有两个例子。

请看第一个例子，我们演示美元兑日元的 5 分钟动量做多交易。如图 4-4-1 所示，在 A 圈处 MACD 柱线向上穿越 0 轴，进场做多的第一个

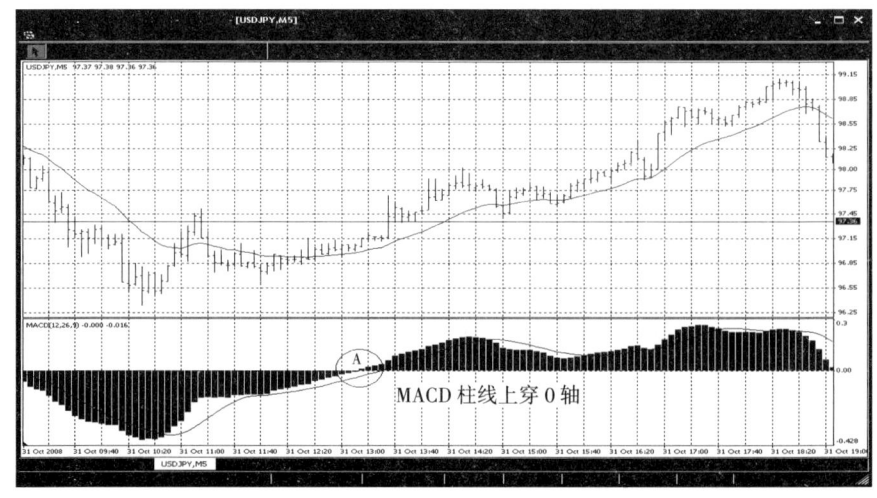

图 4-4-1

必要条件满足了。MACD 柱线穿越 0 轴是动量爆发的标志，也是本书所谓动量交易的前提。

接下来，我们查看 20 期指数移动平均线是在 MACD 柱线向上穿越 0 轴的时候与汇价金叉，如图 4-4-2 所示。在图 4-4-2 中 B 圈处，汇价上穿了 20 期指数移动平均线，于是我们在汇价上穿均线点之上 10 点附近进场做多。

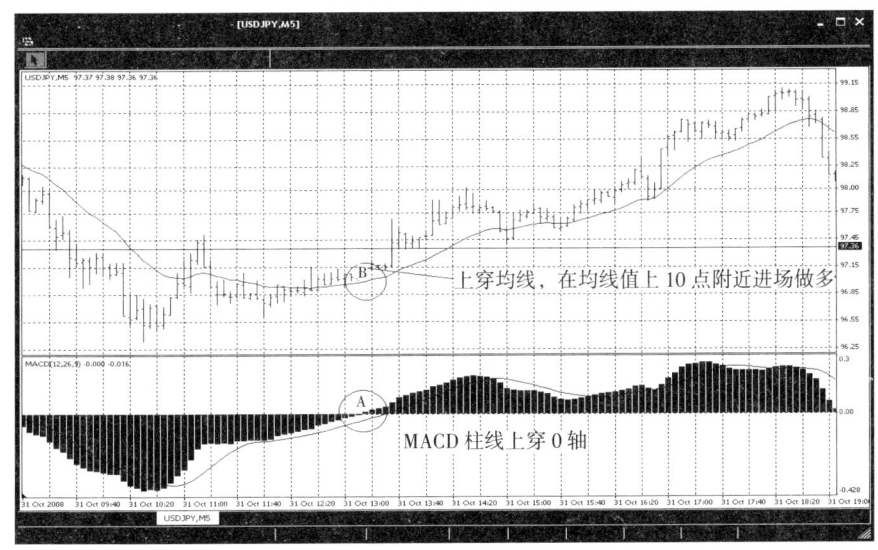

图 4-4-2

进场后要做的第一件事情就是设定初始止损，如图 4-4-3 所示。在进场点对应均线值之下 20 点设定保守性初始止损，就本例而言就是在 C 点处设定止损。

进场后不久，汇价开始拉升，如图 4-4-4 所示。汇价达到了减仓位置，也就是进场价加上风险幅度。我们在 D 点处平掉了一半的多头头寸。

获利了结只是保住利润的一个方法，在动荡的日内外汇市场，移动止损也是一个有利的武器。在平掉部分美元兑日元多头头寸之后，我们需要将位于 C 点的保守性初始止损移动到盈亏平衡点，如图 4-4-5 所示，也就是移动到图 4-4-5 中的 E 点附近。

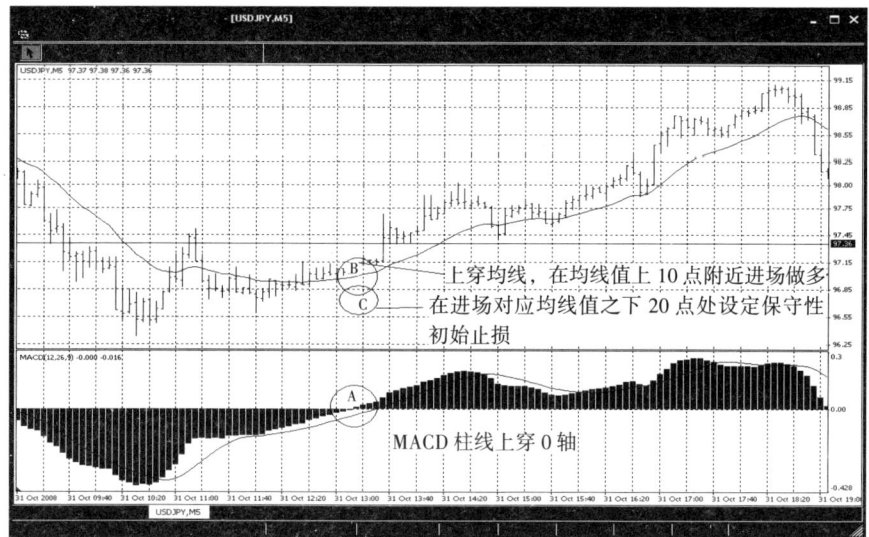

图 4-4-3

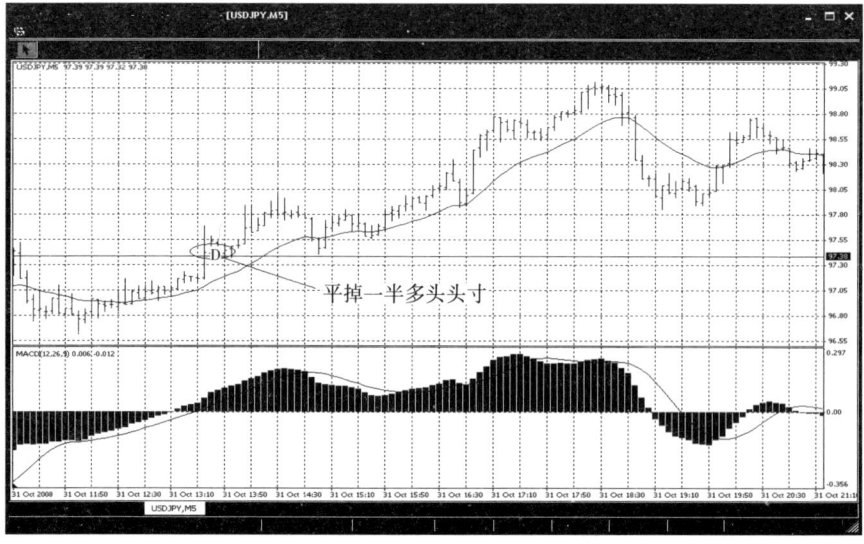

图 4-4-4

第四章 5分钟动量交易系统外汇交易的具体实例

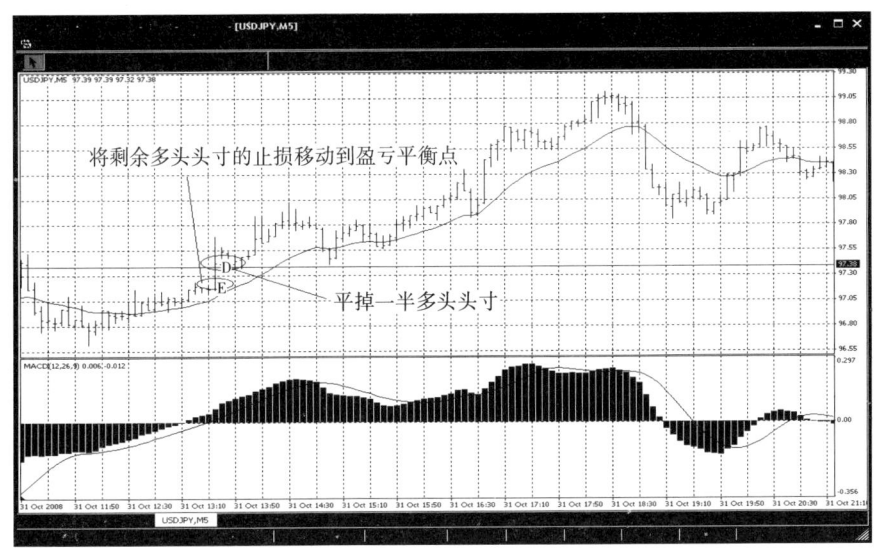

图 4-4-5

从入场到减仓这个过程中，动量强的走势不会带来止损，也不会产生回档破位的情况，本例就是如此。最初的动量耗尽后，汇价出现了一段时间的回调，这有可能是波浪理论所谓的二浪调整，也可能是四浪调整，不过根据混沌操作大师比尔·威廉姆的看法，MACD柱线与0轴交叉后的大多是第一浪，所以这段汇价调整更可能是第二浪，行情最大的第三浪往往在调整后出现。还有一个区分第二浪和第三浪的方法，那就是通过调整的时间来区分。如果调整时间很长，那多半都是第四浪，当然这里面还有很多复杂的补充条款，比如交替原则、不重叠原则等。在本例中，如图4-4-6所示，汇价在F、G、H三个圈处跌破了20期指数移动平均线，但是都没有超过20点的幅度，所以我们继续持有多头头寸。

汇价上升到99.00附近时出现了大幅下跌，如图4-4-7所示。很快跌破了均线值超过20点，于是我们在I点附近平掉一切多头头寸。

美元兑日元时常走单边走势，这是由于美元兑日元的走势受到两国政策的影响比较大，我们提出了一个在美元兑日元上优化5分钟动量交

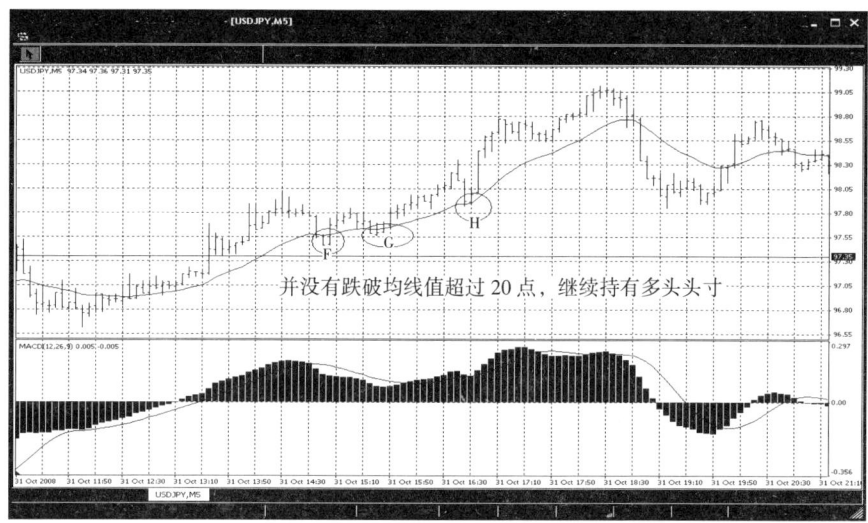

图 4-4-6

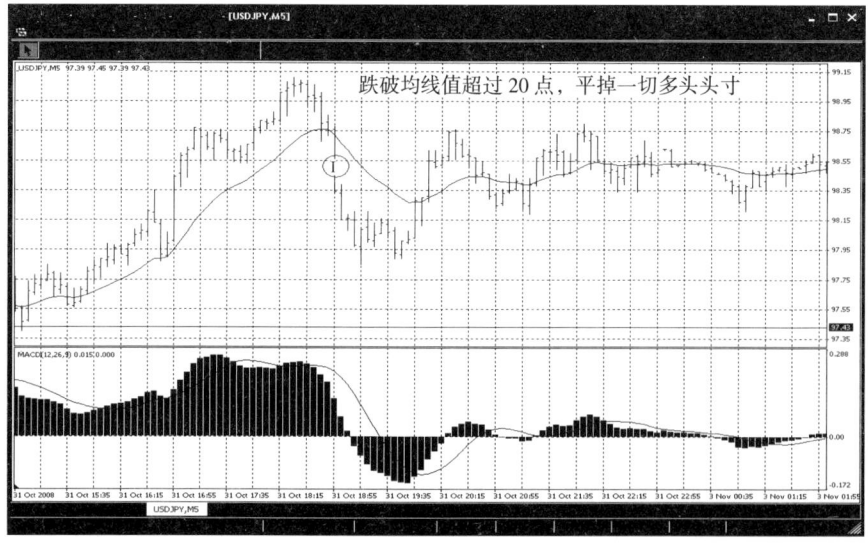

图 4-4-7

易系统的方法，具体而言就是根据 1 小时图上的趋势来过滤 5 分钟图上的动量交易机会。这个方法是否能够经受住时间的考验，还需要更多数据的证明。

第四章 5分钟动量交易系统外汇交易的具体实例

下面我们演示美元兑日元走势的第二个例子，这就是利用5分钟动量交易对美元兑日元进行做空交易。第一步，我们寻找MACD柱线下穿0轴的情况，如图4-4-8所示，在A圈处MACD柱线跌破了0轴，下跌动量爆发，在这种情况下做空就站在了动量的一边，动量交易不光要与趋势为友（通过移动平均线来具体实现），更为重要的是与动量为友，这个就要依靠MACD来实现了。

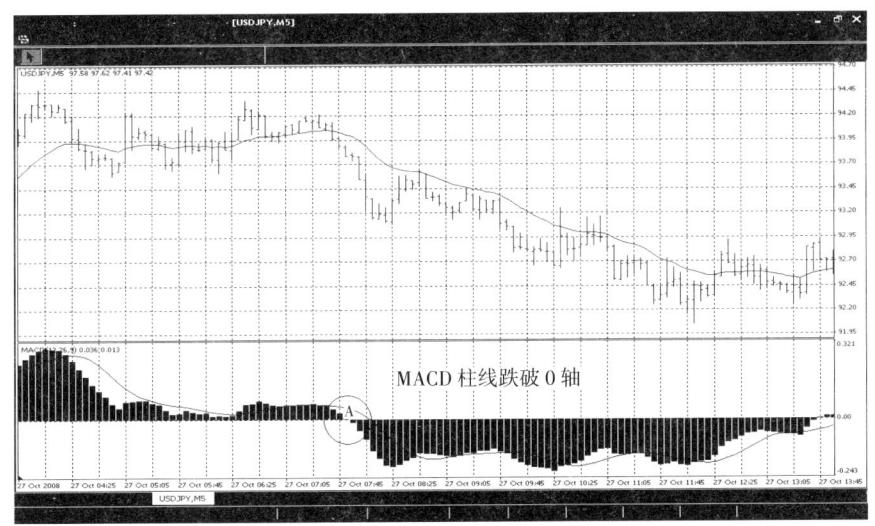

图 4-4-8

动量向下爆发已经满足了我们进场做空美元兑日元的第一个条件，接下来查看第二个条件：美元兑日元的汇价是否已经跌破了20期指数移动平均线。如图4-4-9所示，在图4-4-9中B点汇价跌破了均线，该点与MACD柱线下穿0轴呼应，于是我们在汇价与均线死叉点之下10点附近做空。

进场后的第一件事情是设定保守性初始止损，如图4-4-10所示，在进场点对应均线值之上20点处设定止损，本例中设在C点附近。

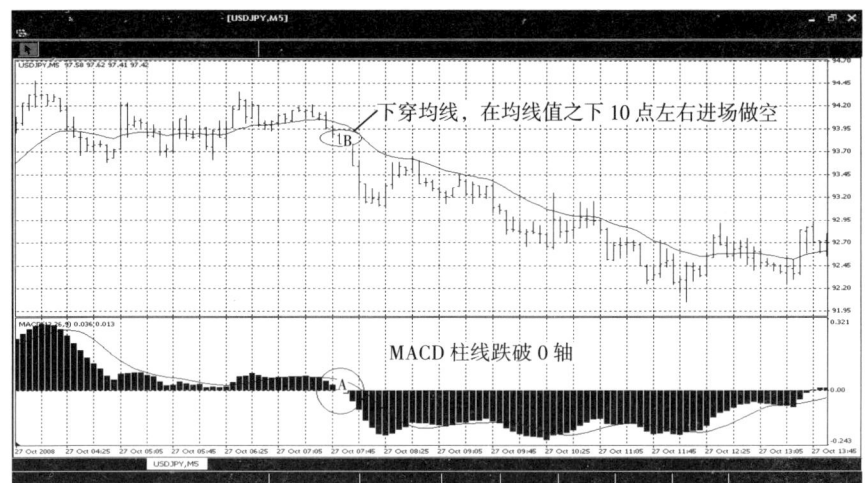

图 4-4-9

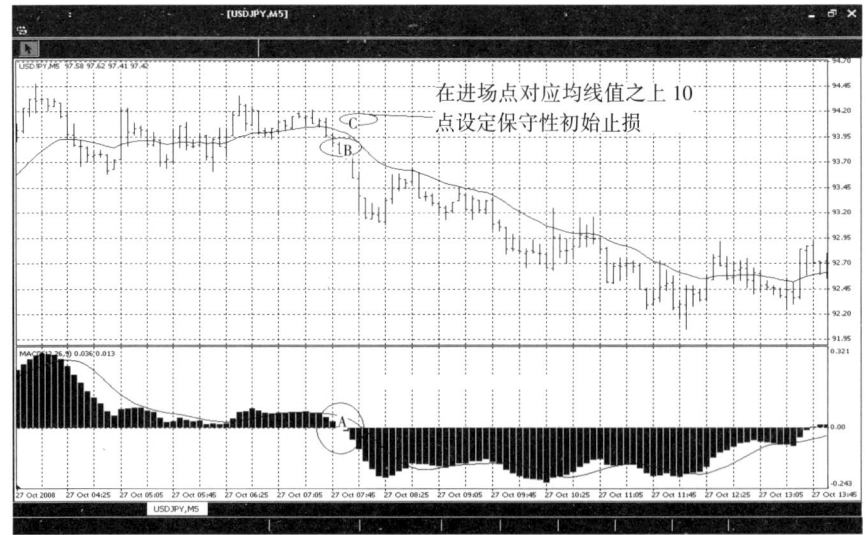

图 4-4-10

进场后很快就达到了理论上的减仓位置,如图 4-4-11 所示。在 D 圈处,我们平掉一半的空头头寸。

然后,我们需要将剩余头寸的止损移动到盈亏平衡点,如图 4-4-12 所示,我们将止损点移动到 E 点附近。

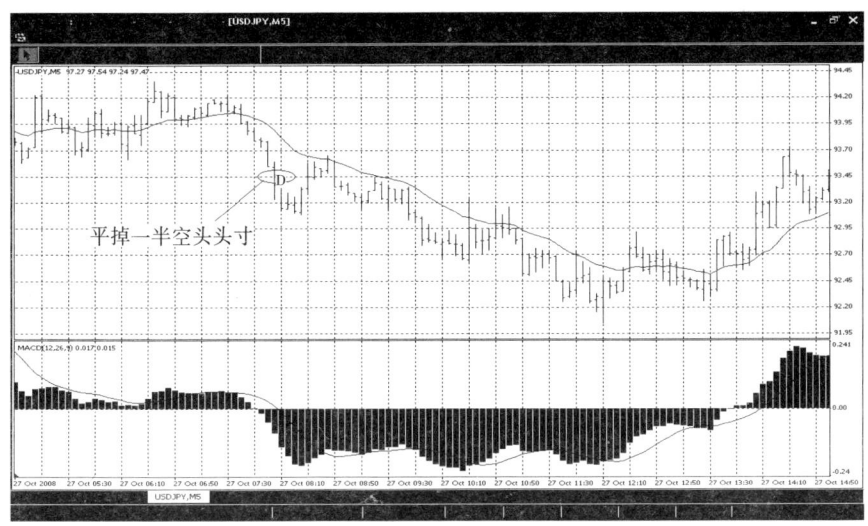

图 4-4-11

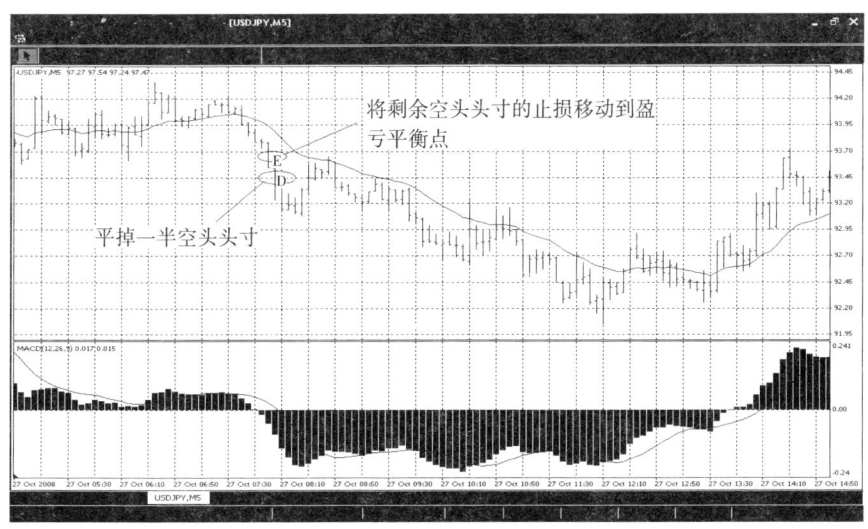

图 4-4-12

了结部分头寸之后，汇价有了一定程度的下跌，但是很快出现了显著的反弹，如图 4-4-13 所示。虽然反弹突破了 20 期指数移动平均线，但是并没有超过均线值让 20 点。虽然没有触及均线的移动止损，但是汇价还是触发了 E 点的止损。

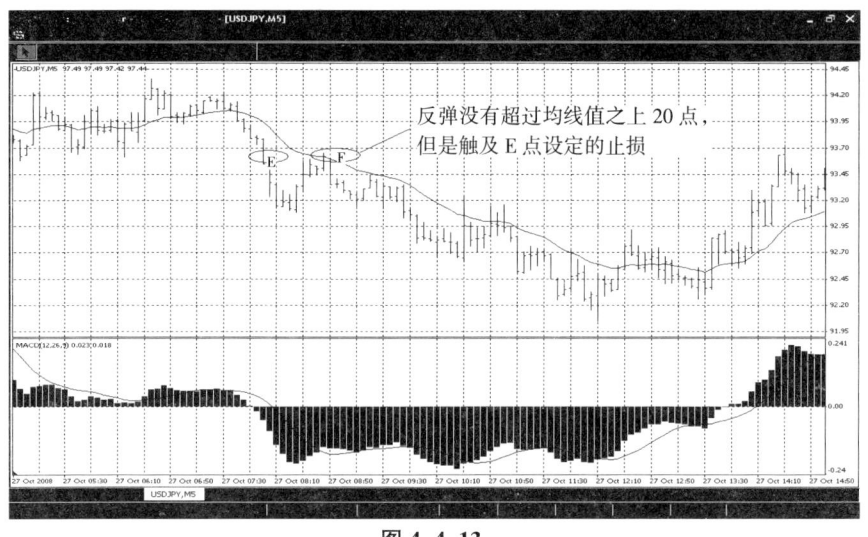

图 4-4-13

美元兑日元是不少亚洲投机客的钟爱货币对，这个货币对不时在亚洲早盘出现独立的大幅度波动，东京和中国香港的外汇交易者都热衷于日元的投机交易，所以利用 5 分钟动量交易系统的时候我们还需要注意交易时段问题。

第五节 澳元兑美元的 m5 动量交易实例

在全球外汇市场运转中，澳洲时段是连接美洲时段和亚洲时段的一个次要交易时段。除非在金融市场特别动荡的时期，否则这个交易时段对于外汇市场而言都是非常次要的。虽然澳元是澳洲的最主要货币，但是它在澳洲时段的活跃度也很低，基本受到大宗商品走势和欧洲主流货币的影响。澳元的日均波动幅度往往低于欧系货币，但是其月均波动幅度却往往高于欧系货币，这是因为澳元倾向于走单边市，而欧系货币的日内波动很剧烈，12天之内一个特定的价位在小时图上会触碰两次，所以不少锁仓的交易者往往能够侥幸扭亏为盈。

掌握澳元的特点之后，我们会发觉澳元兑美元的走势比较倾向于趋势走势，而趋势可以看作动量的强化，所以5分钟动量交易系统用在澳元兑美元走势上可以更好地把握进场时机。任何方法都有其局限性，这种局限性有时候是由货币对的特性决定的。所以，我们认为那种放之四海而皆准的具体交易方法是骗人的，但是这并不是否认存在普适性的交易原理。矛盾的特殊性和普遍性是统一的，关键是作为一个交易者如何在具体的交易品种上把握这种特殊性和普遍性的统一。我们有过一些思考，谈不上成熟，归纳起来就是：技术分析手段具有特殊性，要想成功交易英镑，就要找到英镑的特点，如果不能区分英镑与欧元的特点，那么你可能无法用技术分析方法成功交易英镑；基本分析手段具有普遍性，通常一个宏观交易者，无论是分析一家公司还是一个国家，都可以用上同一套东西。我们的观点与通常观点相反，通常观点认为：技术分析具有普适性，基本分析具有特殊性。但是，从实践出发，却发现恰恰相反，也许我们的观念不成熟，但是希望读者不要忽视。

澳元兑美元和英镑兑美元都可以利用5分钟动量交易系统，不过其细节肯定有所区别，可以很明确地告诉大家的是：两者在利用5分钟动量交易系统时采用的出场方法可能要个性化才行。目前我们还没有找到更好的方法，所以希望本书读者能够发扬独立钻研的实践精神找到两者在利用5分钟动量交易系统上的差别。本书不提供"万灵药"，只提供一套系统思考的模板和方法，任何照搬理论的做法都是不可能符合你的交易个性、风险偏好、资金规模和理财规划的。

本节将演示利用5分钟动量交易方法操作澳元兑美元的两个实例。第一个实例是做多澳元兑美元的交易。

我们按照5分钟动量交易系统的一般步骤来展开。如图4-5-1所示，

· 5分钟动量交易系统 ·

第一步，我们查看澳元兑美元的 5 分钟动量走势图的 MACD 柱线走势，在做多交易中我们查看 MACD 柱线是否出现了向上穿越，在本例中 MACD 柱线在 A 圈处发生了向上穿越，这样就具备了进场做多的第一个必要条件。

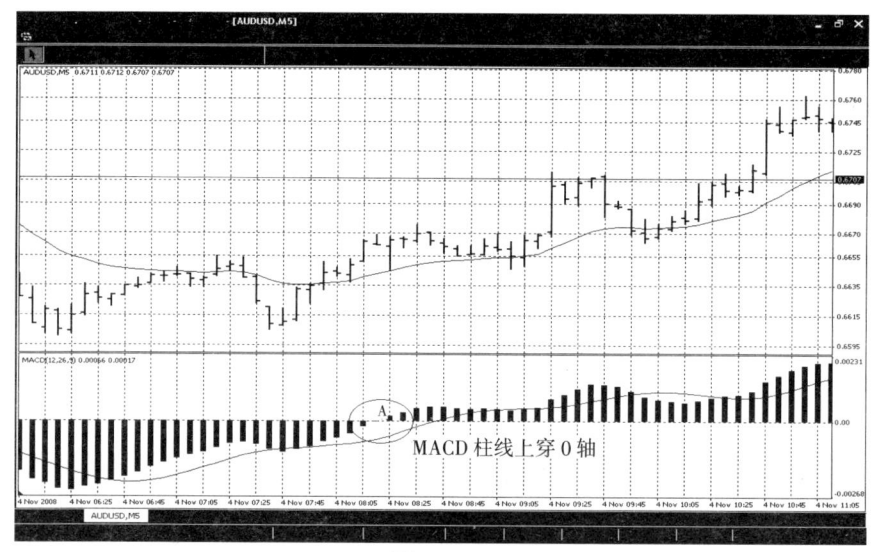

图 4-5-1

第二步，我们查看 MACD 柱线上穿 0 轴之后 5 根柱线之内是否汇价上穿了 20 期指数移动平均线。如图 4-5-2 所示，在图 4-5-2 中 B 圈处澳元兑美元汇价上穿了 20 期指数移动平均线。两个进场的必要条件都具备了，接下来我们需要在汇价上穿均线点之上 10 点附近入场做多。

我们进场做多澳元，同时卖空美元之后需要立即为这些多头头寸设定保守性初始止损，如图 4-5-3 所示。在 B 点入场之后，我们在入场点对应的均线值之下 20 点设定保守性初始止损。在本书的实例中，我们一般不采用激进性初始止损，因为这个止损不太适合入门级的交易者。在本例中，我们在 C 点处设定保守性初始止损用于防止入场之后汇价就出现反转走势。

第四章 5分钟动量交易系统外汇交易的具体实例

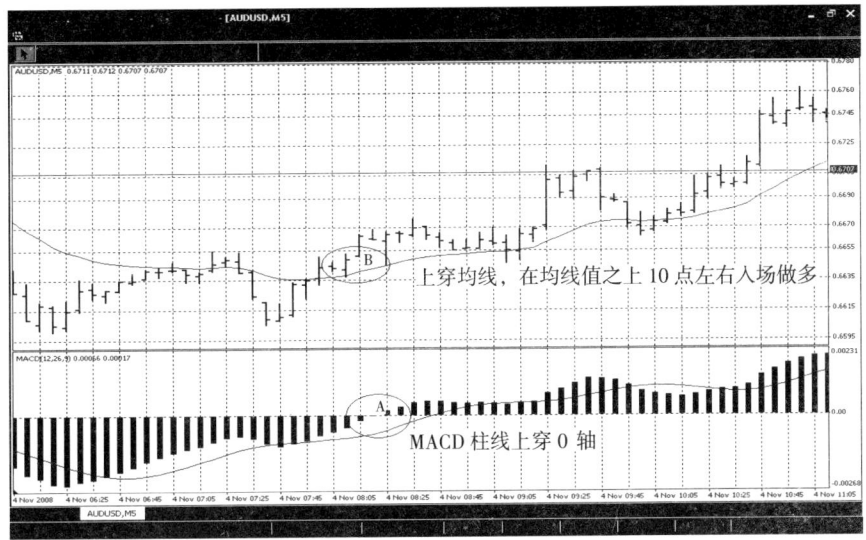

图 4-5-2

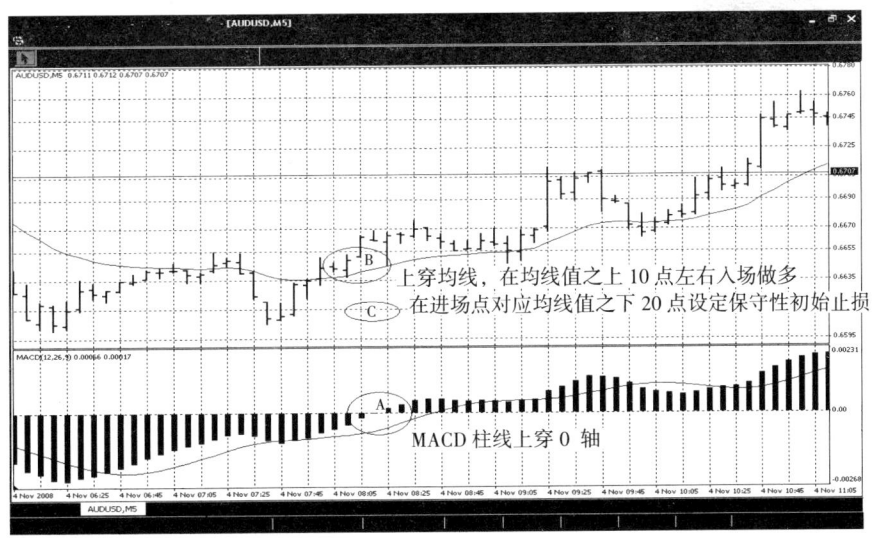

图 4-5-3

进场之后，澳元兑美元缓慢爬升，此后汇价在 0.6650 附近出现了回调，如图 4-5-4 所示。因为下跌并没有超过 20 点，所以我们继续持有手头的澳元兑美元多头头寸。新手容易犯的一个错误是根据涨跌的幅度来决定出场。如果绝对涨幅很大,他们会对持有多头头寸丧失信心;如果绝对跌幅很大,他们会对持有空头头寸丧失信心。决定出场的不是汇价涨了多少、跌了多少,而是根据我们事先定下的交易规则来看当下的市况是否满足交易规则中的出场条件。

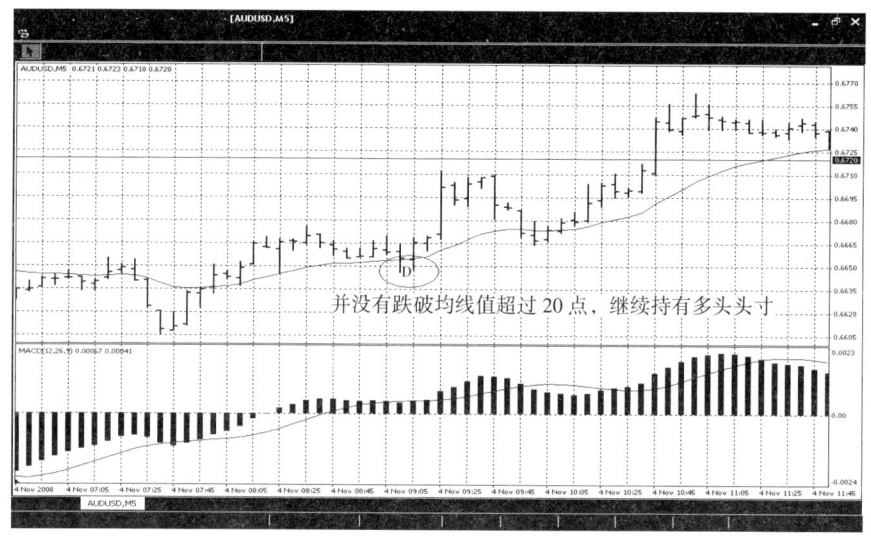

图 4-5-4

汇价在小幅度回调之后,继续上扬,如图 4-5-5 所示。之后,汇价达到了减仓的目标价位,具体而言就是出场价位加上风险幅度。在本例中,我们在图 4-5-5 中的 E 点处平掉一半的多头头寸。

减仓之后,紧接着的一个动作就是将剩下的一半多头头寸的初始止损移动到盈亏平衡点,具体而言就是移动到 F 点,如图 4-5-6 所示。

在减仓和移动初始止损之后,汇价出现了短暂上冲,之后陡直下跌,触及了 F 点放置的止损,如图 4-5-7 所示,在 G 点汇价虽然还没有跌破指数移动平均线超过 20 点,但是却触及了 F 点放置的止损,所以我们了结一切多头头寸出场。

第四章 5分钟动量交易系统外汇交易的具体实例

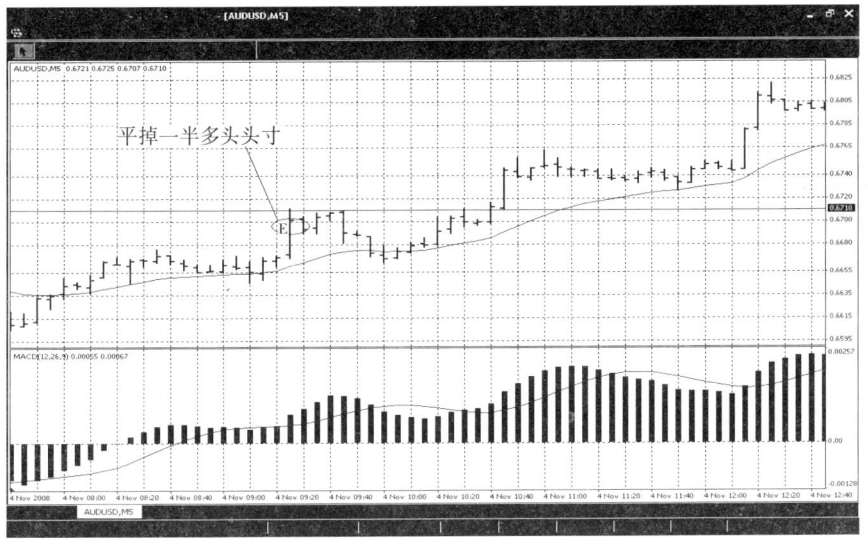

图 4-5-5

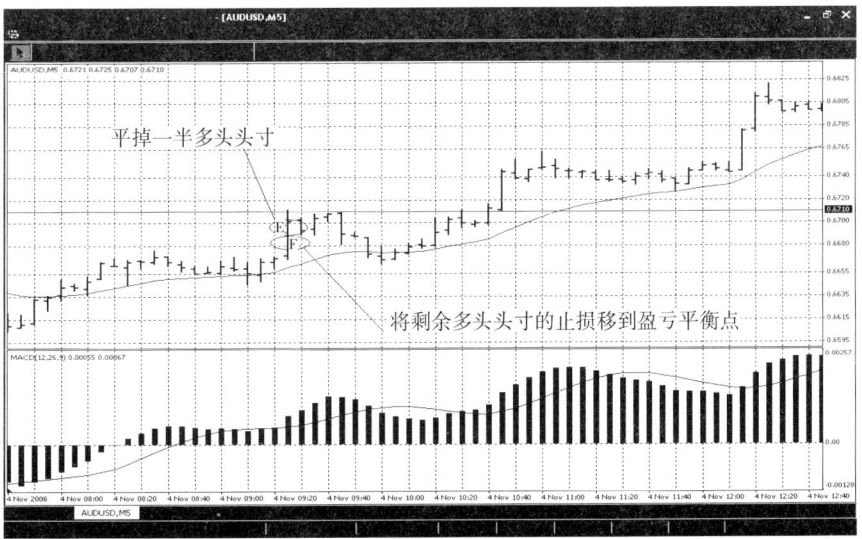

图 4-5-6

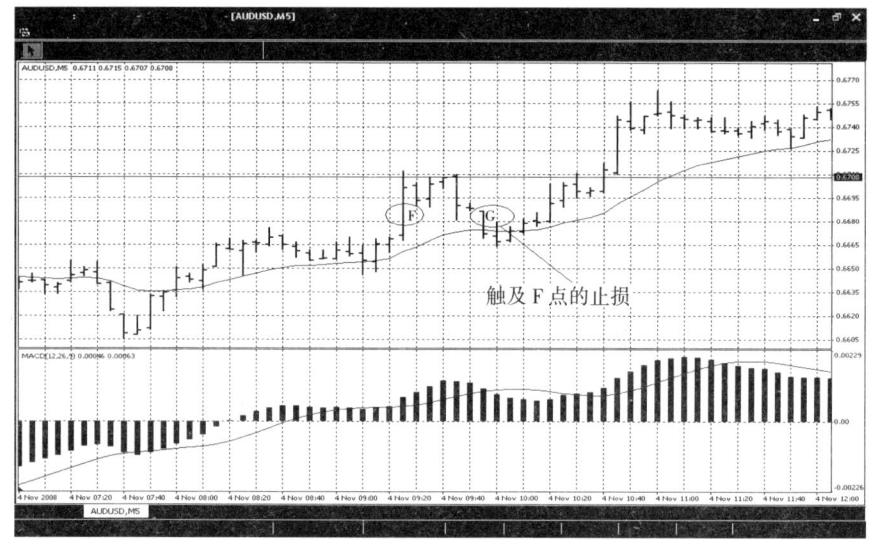

图 4-5-7

下面,我们来看一个做空澳元兑美元的例子。

第一步,我们参看图 4-5-8 中的 MACD 柱线状况,具体而言就是查看 MACD 柱线是否向下穿越 0 轴。如图 4-5-8 所示,本例中汇价在图中

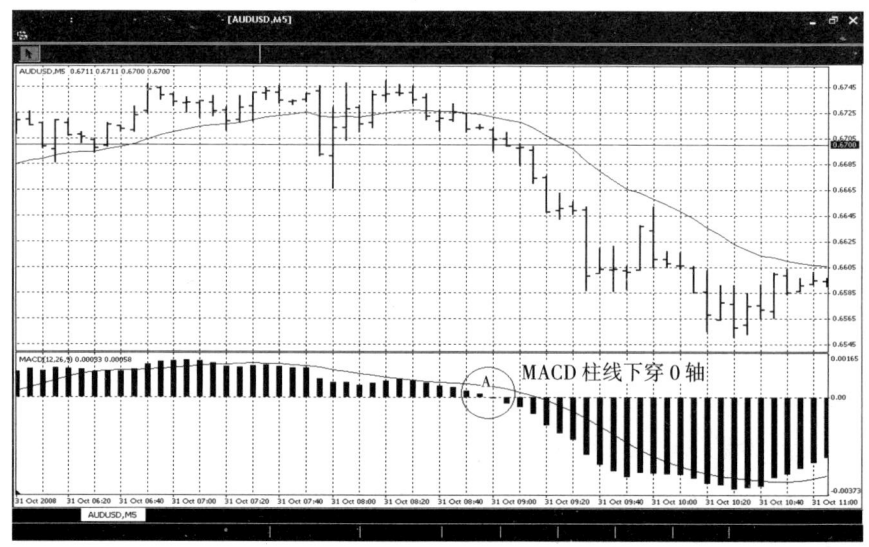

图 4-5-8

A 圈处向下穿越了 0 轴。进场做空的第一个必要条件具备了。

第二步，我们查看 MACD 柱线穿越 0 轴之后 5 根柱线之内是否出现了汇价下穿 20 期指数移动平均线的情况。如图 4-5-9 所示，对应于 A 圈处的 MACD 柱线下穿 0 轴，澳元兑美元的汇价也跌破了 20 期指数移动平均线。查看图 4-5-9 中的 B 圈可以看到汇价均线死叉的存在。一旦 MACD 柱线死叉和汇价均线死叉都具备时，我们就应该在汇价与均线死叉点之下 10 点附近进场做空。在本例中我们在 B 圈中进场做空。

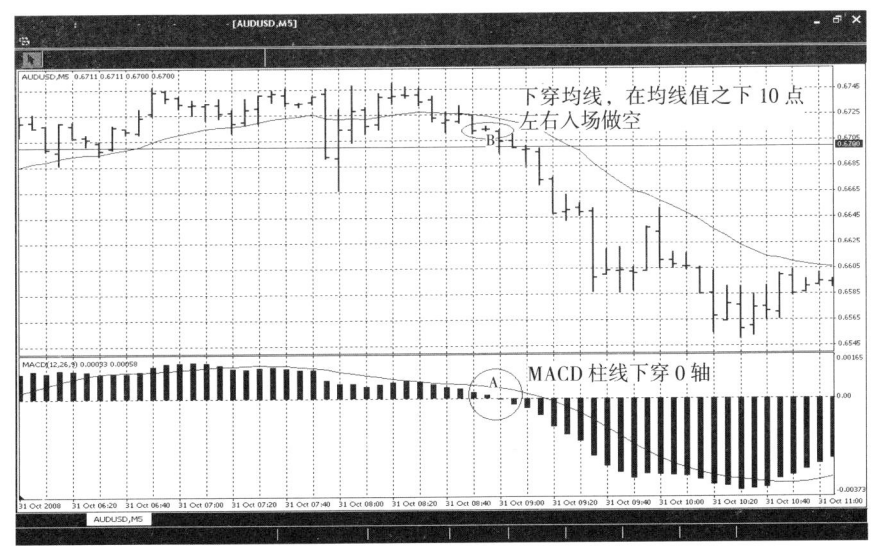

图 4-5-9

进场做空之后，第一件要做的事情就是为空头头寸设定止损，如图 4-5-10 所示，我们在 C 点设定保守性初始止损。具体而言就是在进场做空点对应的均线值之上 20 点设定止损。

进场做空之后，汇价很快跌到了减仓目标位置，如图 4-5-11 所示。我们在图 4-5-11 中 D 点处平掉一半的空头头寸。

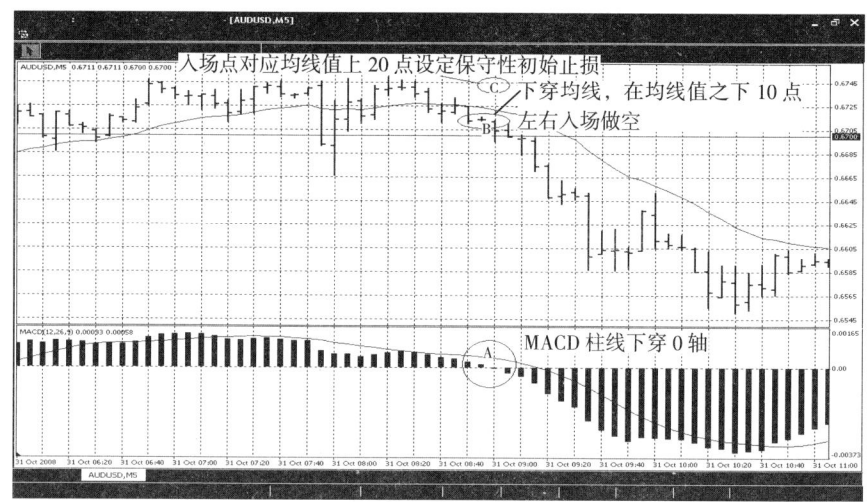

图 4-5-10

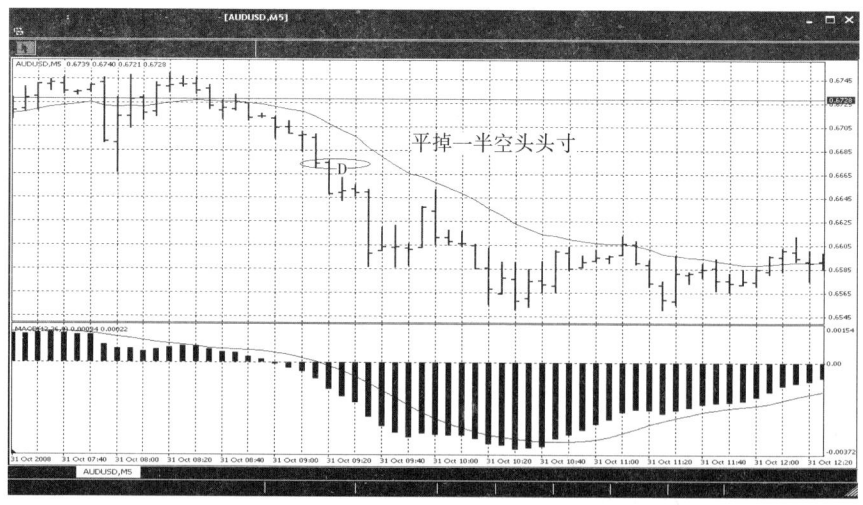

图 4-5-11

在 D 点平掉一半空头头寸之后,我们随即把剩下一半空头头寸的固定止损由初始止损位置移动到盈亏平衡点,如图 4-5-12 E 点所示。

减仓和移动固定止损之后,汇价继续大幅度下跌,此后进入较长时间的盘整期,中间出现了较为显著的反弹。如图 4-5-13 所示,在几次显著的反弹中，只有F圈中的汇价运动突破了20期指数移动平均线，但是并没有超过均线值20点，所以我们继续持有剩下的空头头寸。

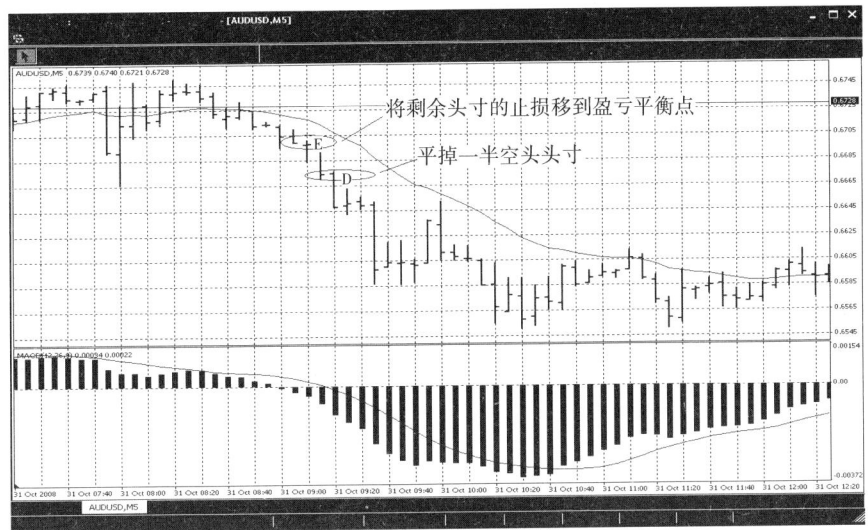

图 4-5-12

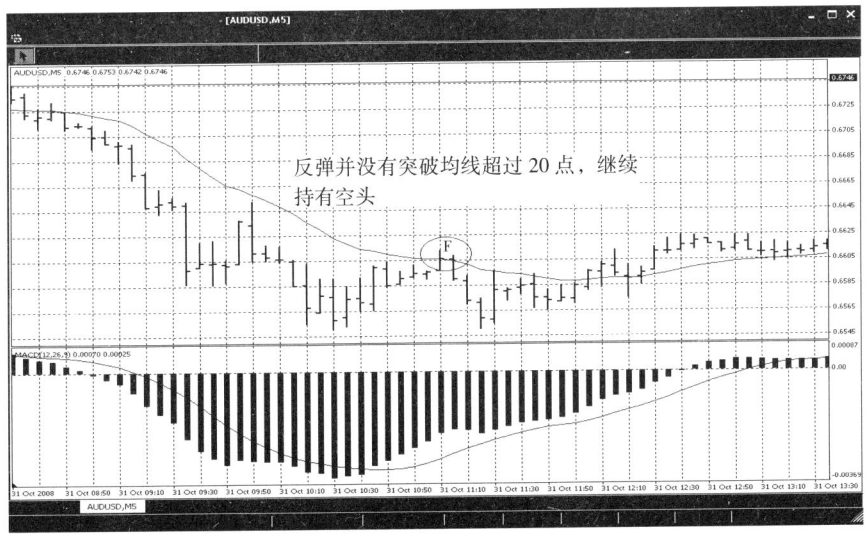

图 4-5-13

F点处之后，汇价又出现了一波较大的反弹，如图4-5-14所示。这次汇价在 G 点的反弹超过均线值超过 20 点，因此我们平掉剩余的空头头寸。

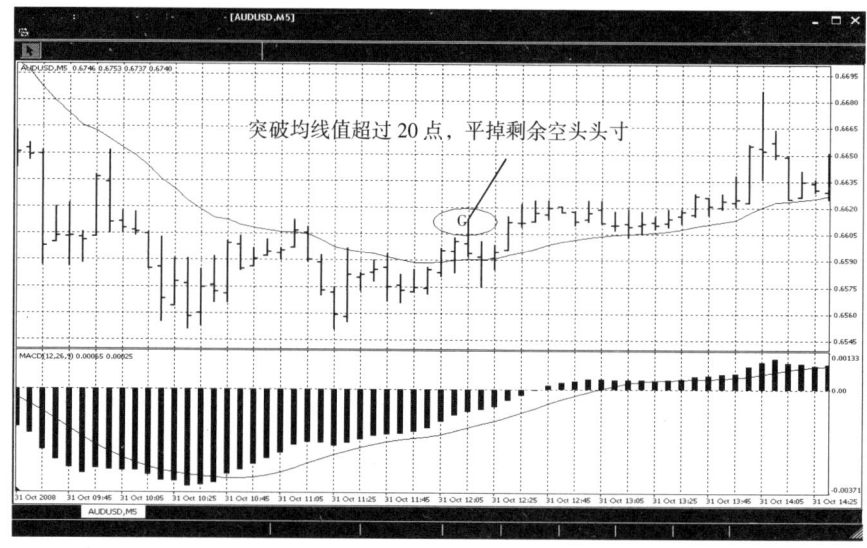

图 4-5-14

第六节 美元兑加拿大元的 m5 动量交易实例

加拿大元与澳元一样，都是商品货币。同时，由于加拿大与美国同属北美自由贸易区，经贸联系相当密切，所以加拿大元也被看作属于美元集团。加拿大元的走势与澳元类似，容易走出稳健的单边趋势市场，所以在利用 5 分钟动量交易系统的时候更加需要重视指数移动平均线的趋势指示作用。在本节中，我们将演示美元兑加拿大元的 5 分钟动量交易方法，方法虽然大同小异，但是其中的关键细节还是需要自己琢磨的。我们反复在本书中强调一个观点：没有什么现成的系统是绝对适合你的，世界上也不存在适合任何具体交易者的万能系统。很多时候，一个系统的成功取决于交易资金的规模和性质,依赖于交易执行者的性情和风险承受能力。大家需要记住的是,使用一个交易系统的主体是人,而人是有限理性的。

利用5分钟动量交易系统从事美元兑加拿大元的日内交易并不常见,但是并非不可行,关键看你如何在货币、系统和自己三者之间取得一致。如果你的系统没有考虑到货币的特性,或者没有考虑到自己的特点,那么交易系统是肯定无法达到预期效果的。同样,如果你的倾向影响了系统关键特质的发挥,也不能成功。

在本节中,我们将演示美元兑加拿大元的两个例子。第一个例子是做多美元兑加拿大元,具体而言就是买入美元,卖出加拿大元。首先,在美元兑加拿大元的5分钟走势图上查看MACD柱线是否上穿了0轴。如图4-6-1所示,在图4-6-1中A点处,我们发现MACD柱线由0轴之下翻转到0轴之上。进场做多的第一个必要条件满足了。

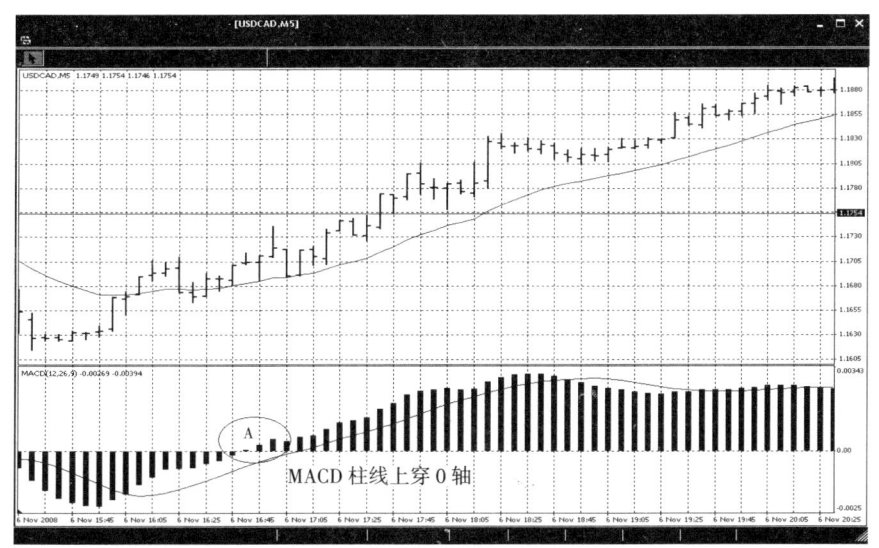

图4-6-1

接着,我们查看进场做多的第二个必要条件是否满足,换而言之就是查看对应 MACD 柱线上穿 0 轴处的汇价是否上穿了 20 期指数移动平均线。如图 4-6-2 所示，在 B 圈处汇价上穿了均线，于是我们在上穿点之上 10 点附近进场做多。需要强调的一点是，进场做多的必要条件有两个：第一个是 MACD 柱线上穿 0 轴；第二个是汇价上穿 20 期指数移动平均线。但是确定具体进场位置的却只有后者。

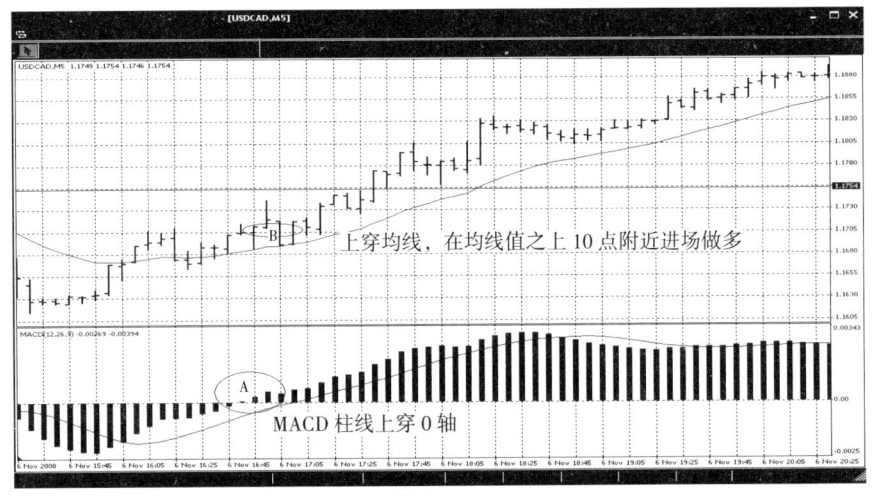

图 4-6-2

进场后，我们首先要做的事情就是做好头寸的防御工作，如图 4-6-3 所示，我们在进场点对应的均线值之下 20 点处设定保守性初始止损，具体而言就是图中 C 圈标识处设定止损。

进场之后，美元兑加拿大元上升了一大段，达到了我们减仓的目标价位。如图 4-6-4 所示，于是我们在 D 圈处平掉一半多头头寸。这个操作将会使你的交易心理处于优势状态，从而使得交易思维变得理性。大家需要记住一个经验法则：仓位决定心态，心态决定交易行为，交易行为决定交易结果。通过控制仓位，我们能够控制交易心态，从而间接控制交易行为，进而影响交易结果。

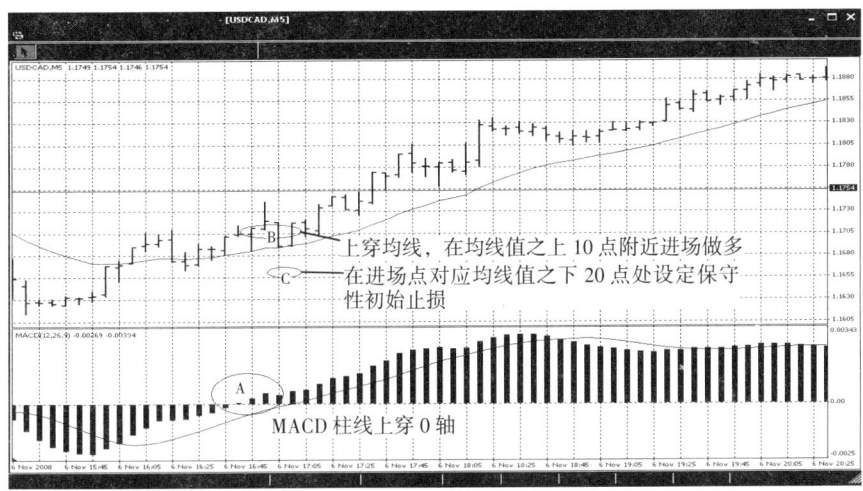

图 4-6-3

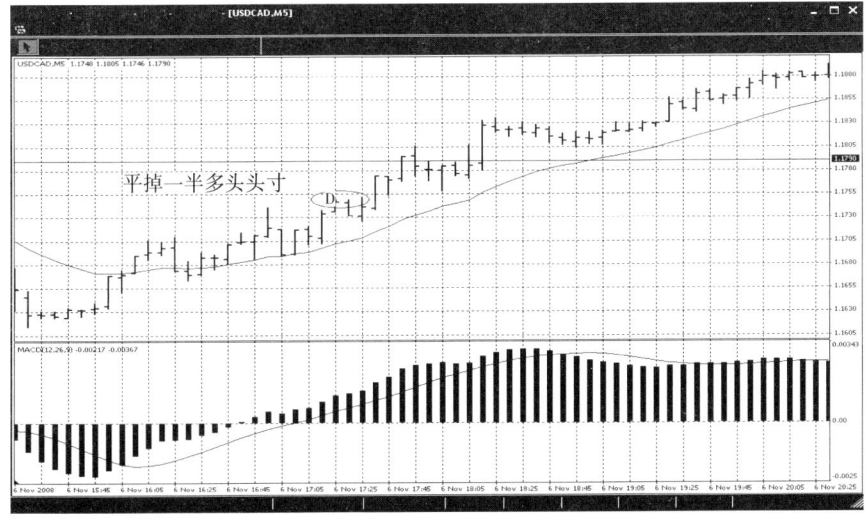

图 4-6-4

平掉一半多头头寸之后，我们应该立即将剩余多头头寸的初始止损移动到 E 圈处，如图 4-6-5 所示。

减仓和移动固定止损之后，汇价大幅度爬升，如图 4-6-6 所示。汇价在 F 点处出现了回调，跌破了 20 期指数移动平均线，但是并没跌破均线值超过 20 点，所以我们继续持有多头头寸。

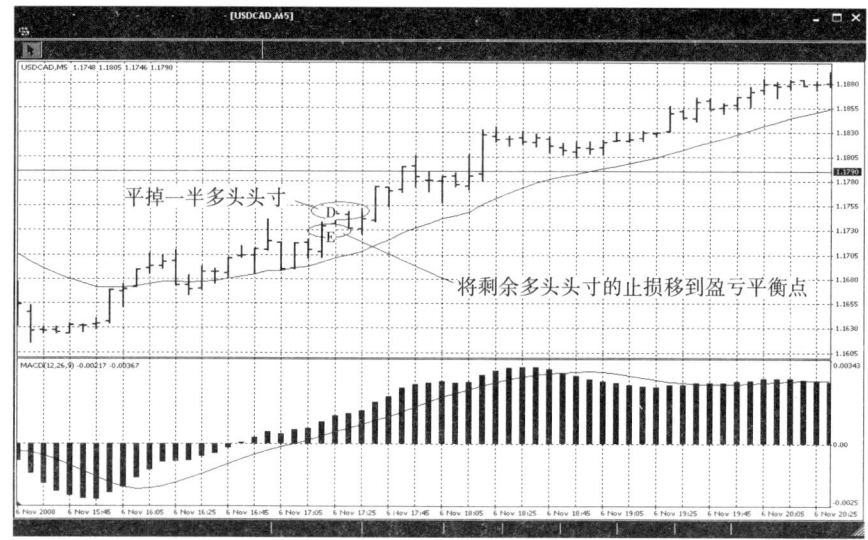

图 4-6-5

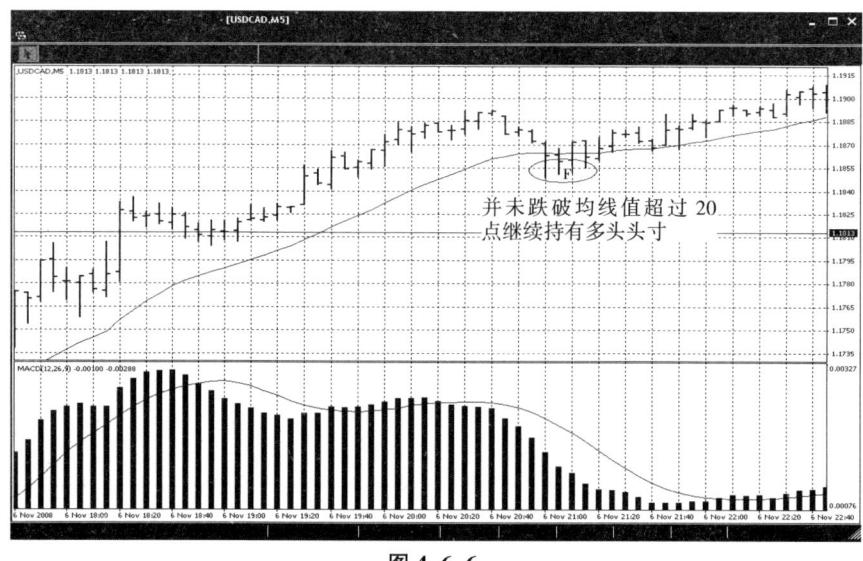

图 4-6-6

止跌小幅回升之后，汇价又出现了一波较为短暂、幅度较小的下跌，如图 4-6-7 所示。在 G 圈处，汇价跌破了 20 期止损指数移动平均线，但是并没有跌破均线值超过 20 点，所以我们继续持有多头头寸。

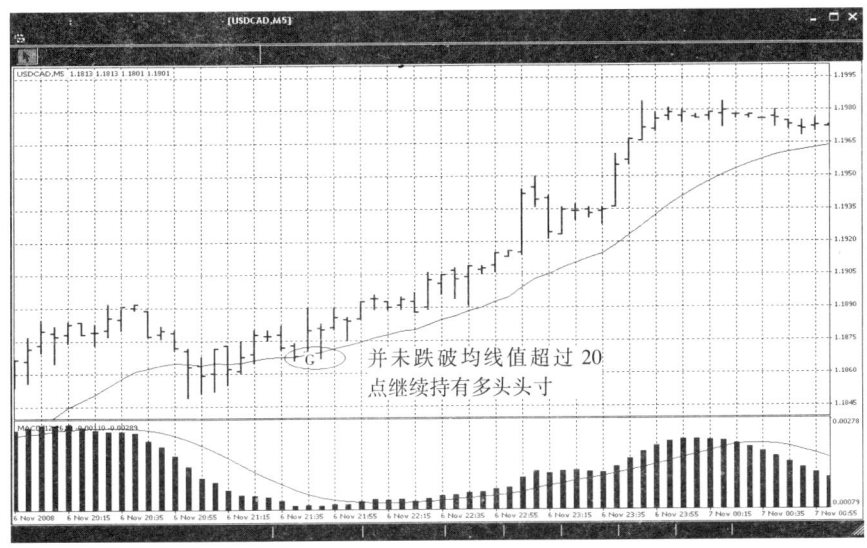

图 4-6-7

汇价上升到 1.1985 附近后出现了一定程度的下跌，如图 4-6-8 所示。

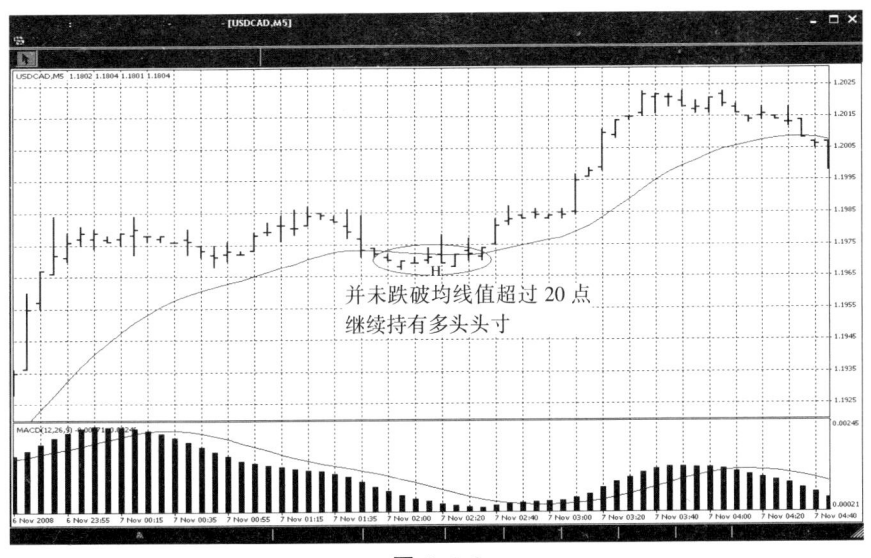

图 4-6-8

在 H 圈处出现了一定程度的下跌,也跌破了 20 期指数移动平均线,但是并没有跌破均线值超过 20 点,所以我们继续持有多头头寸。

H 点下跌之后,美元兑加拿大元出现了一波极速上涨的行情,如图 4-6-9 所示。汇价上冲到 1.2020 附近之后出现了大幅度的下跌,在 I 圈处跌破 20 期指数移动均线超过 20 点,于是我们了结一切多头头寸。

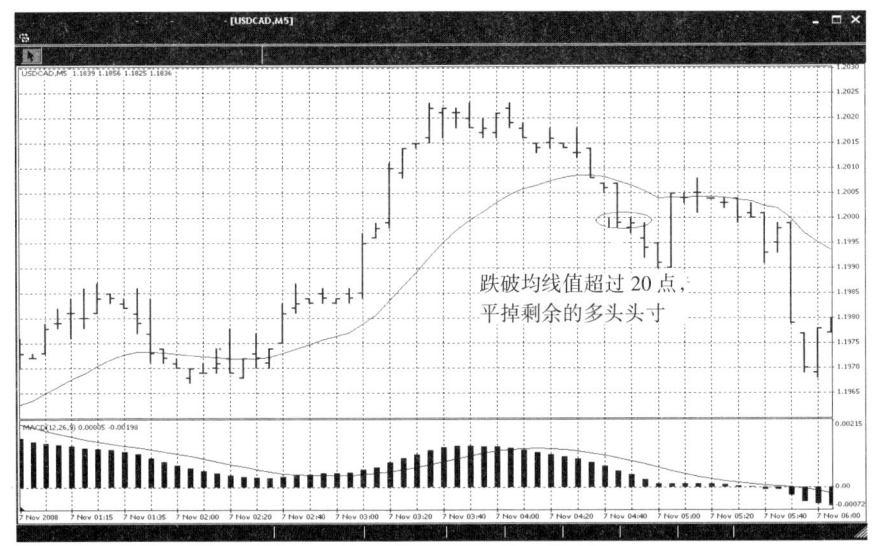

图 4-6-9

由于商品货币与全球经济密切相关,所以在经济繁荣的中期和末期,诸如加拿大元和澳元等商品都有上乘的表现,无论是日走势还是日内走势,上涨的概率和幅度都要远远大于下跌的概率和幅度。反过来,当经济步入不景气的阶段,商品货币也会跟随着走低。我们可以根据全球宏观景气度更好地安排商品货币的交易。在经济繁荣期,我们应该以做空美元兑加拿大元为主;在经济萧条期,我们应该以做多美元兑加拿大元为主。虽然在全球经济萧条期,美国经济也会受到影响,但是比起那些以原材料出口为主的国家,美国要好得多。

前面我们已经演示了做多美元兑加拿大元的例子,下面我们将演示一个做空美元兑加拿大元的例子。第一步，我们查看 MACD 柱线是否下穿 0 轴。如图 4-6-10 所示，在 A 圈处，MACD 柱线下穿了 0 轴，这样我们便得到了进场做空的第一个必要条件。

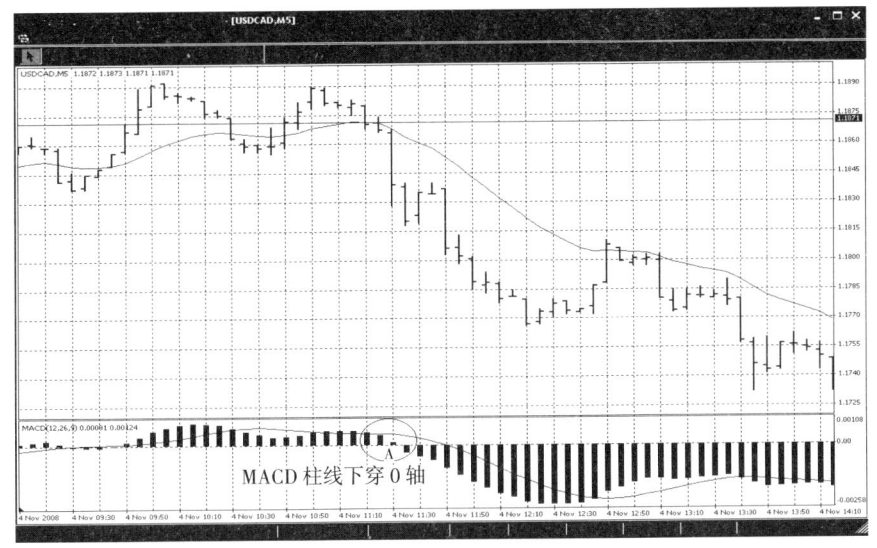

图 4-6-10

接着，我们查看 MACD 柱线穿越 0 轴之后的 5 根柱线之内汇价是否下穿均线，如图 4-6-11 所示。在图 4-6-11 中 B 圈处，下穿了 20 期指数移动平均线，进场做空的第二个条件得到了满足，于是我们在汇价下穿均线点之上 10 点附近做空。

进场做空之后，我们需要立即为空头头寸建立起相应的保护措施，具体而言就是设定保守性初始止损。如图 4-6-12 所示，我们在进场点对应的均线值之上 20 点处设定止损，也就在图 4-6-12 中的 C 点附近设定止损，而这个止损恰好在均线值之上 20 点。

图 4-6-11

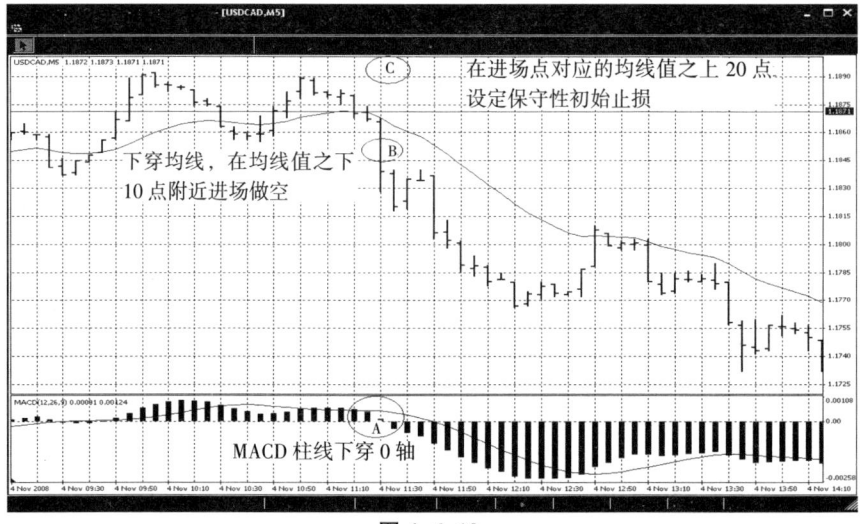

图 4-6-12

进场之后,美元兑加拿大元的汇价就大幅度地下跌,如图 4-6-13 所示。很快汇价就触及了减仓的目标位置,在图 4-6-13 中 D 点处我们了结了一半的空头头寸。

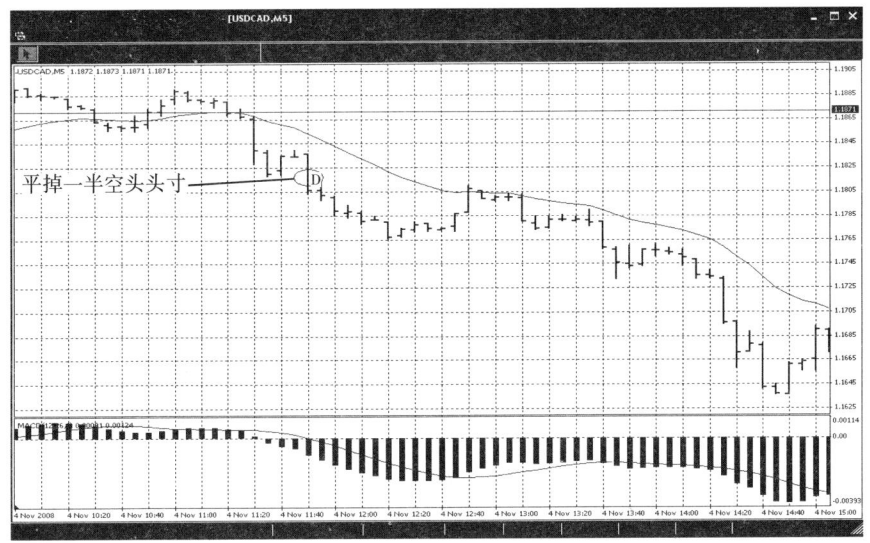

图 4-6-13

在兑现了一半盈利头寸之后,我们紧接着需要去做的就是将剩余头寸的止损移动到盈亏平衡点,同时利用 20 期指数移动均线提供的参照点实行即时跟进止损。如图 4-6-14 所示,我们将固定止损由保守性初始止

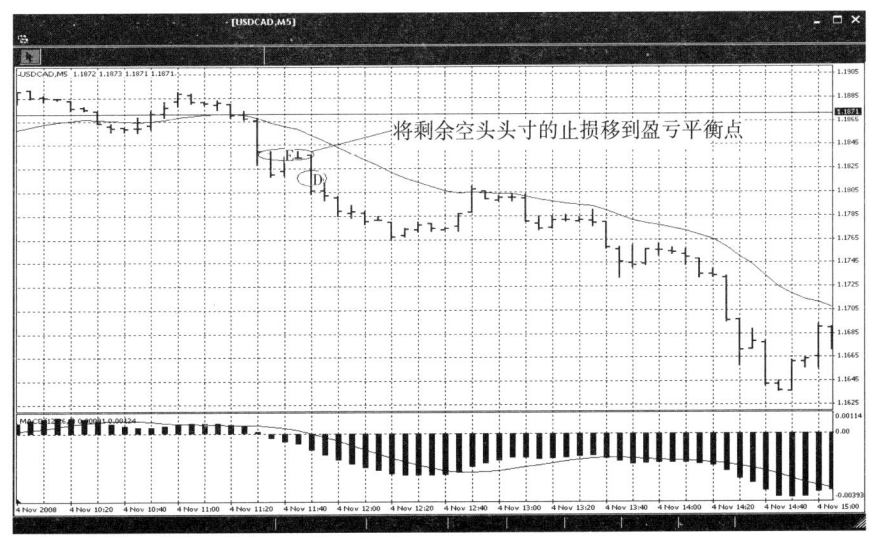

图 4-6-14

损移动到盈亏平衡点,具体而言就是移动到 E 点。

在了结一半空头头寸并移动固定止损点之后,汇价继续下跌,而后出现了一定程度的反弹,如图 4-6-15 所示。在图 4-6-15 中 F 圈处,汇价突破了 20 期指数移动平均线,但是并没有超过均线值 20 点,所以我们继续持有空头头寸。

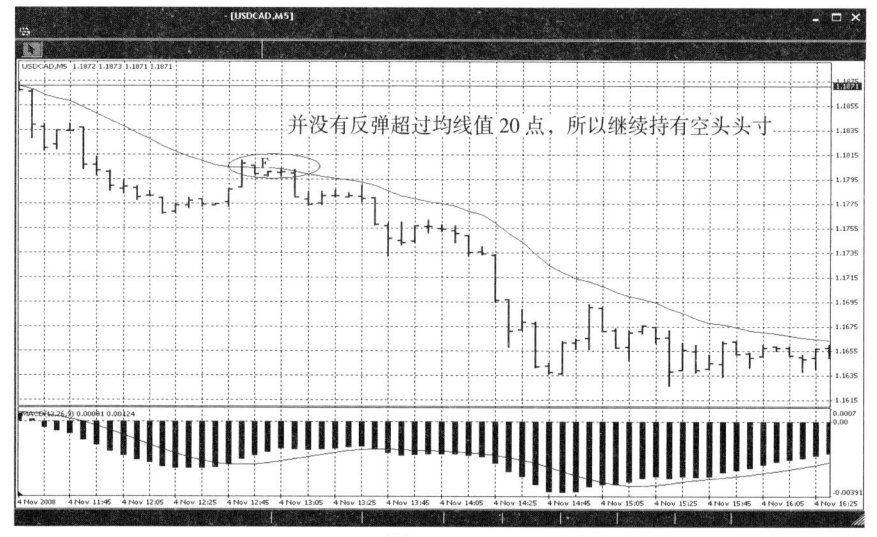

图 4-6-15

这次反弹之后,汇价就一路下跌到 1.1630 附近,并出现了较长时间的盘整。如图 4-6-16 所示,在图 4-6-16 中 G 圈处,美元兑加拿大元汇价出现了再一次的反弹,很快突破均线值超过 20 点,于是我们了结剩余的空头头寸出场,整个交易完成。

交易科学的一面要求我们前后一致地坚守原则,交易艺术的一面要求我们懂得适应具体的市场情况。但是,更为困难的事情在于将交易科学的一面和交易艺术的一面有机地结合起来,建筑基于科学的艺术,而不是基于艺术的科学。

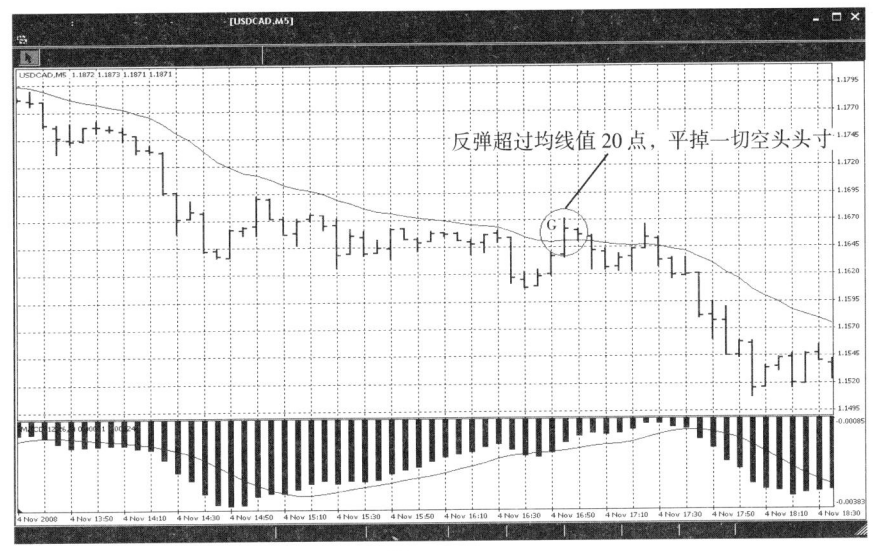

图 4-6-16

第七节 交叉货币的 m5 动量交易实例

交叉货币更为准确的叫法是交叉货币对，或者是交叉汇率，指的是两种非美元货币之间的汇率，与直盘货币相对。操作交叉货币的外汇交易者相对较少，主要原因是这些货币对的点差一般较大，而且汇评很少提及。在本节中，我们将介绍利用5分钟动量交易系统操作交叉货币的实例。

英镑和瑞士法郎都是非常重要的投机货币，英镑兑瑞士法郎的波动自然非常活跃，同时这个交叉货币对的点差跟六大直盘货币相差无几，所以非常适合进行短线买卖和操作。

本节我们会从做空和做多两个角度各举一个例子予以说明，首先，我们来看如何利用5分钟动量交易系统进行英镑兑瑞士法郎的日内做空操作。请看图 4-7-1，查看图 4-7-1 中的 MACD 柱线是否下穿 0 轴，在下图 A 圈处 MACD 柱线下穿 0 轴，出现了动量做空的机会。

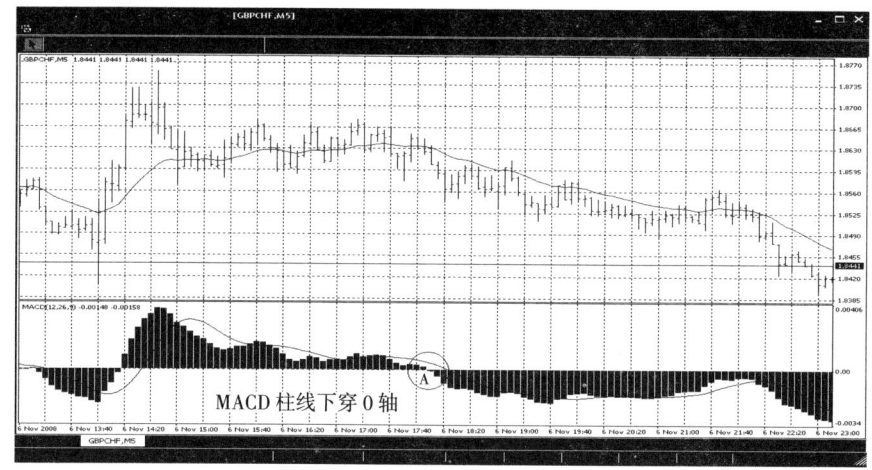

图 4-7-1

接着我们查看柱线下穿 0 轴，具体而言是头 5 根位于 0 轴下的柱线是否对应着汇价下穿 20 期指数移动平均线。如图 4-7-2 所示，在图 4-7-2 中 B 圈处英镑兑瑞士法郎跌破了 20 期指数移动平均线，于是我们在

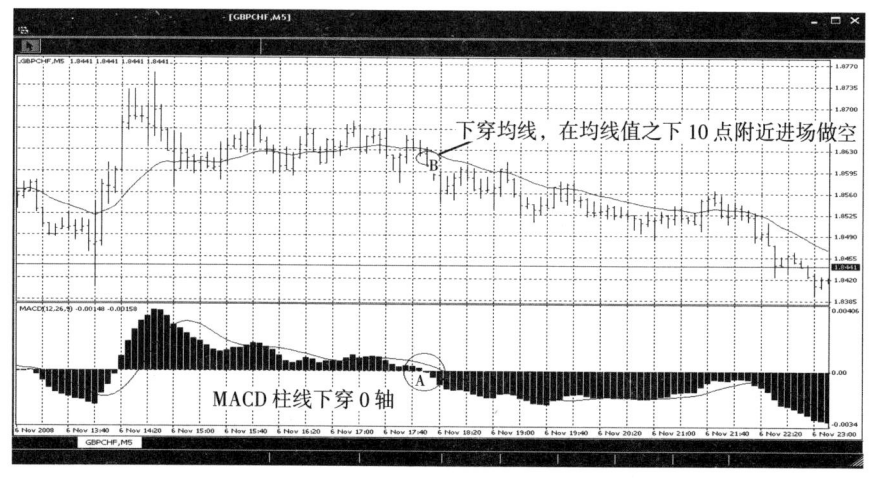

图 4-7-2

跌破均线值之下 10 点附近进场做空英镑兑瑞士法郎。

在 B 圈处进场之后的第一件事情就是设定保守性初始止损点，如图 4-7-3 所示。我们在入场点对应均线值之上 20 点设定固定止损点，以便给予空头头寸必要的保护，止损设定的大致位置在图 4-7-3 中 C 圈处。

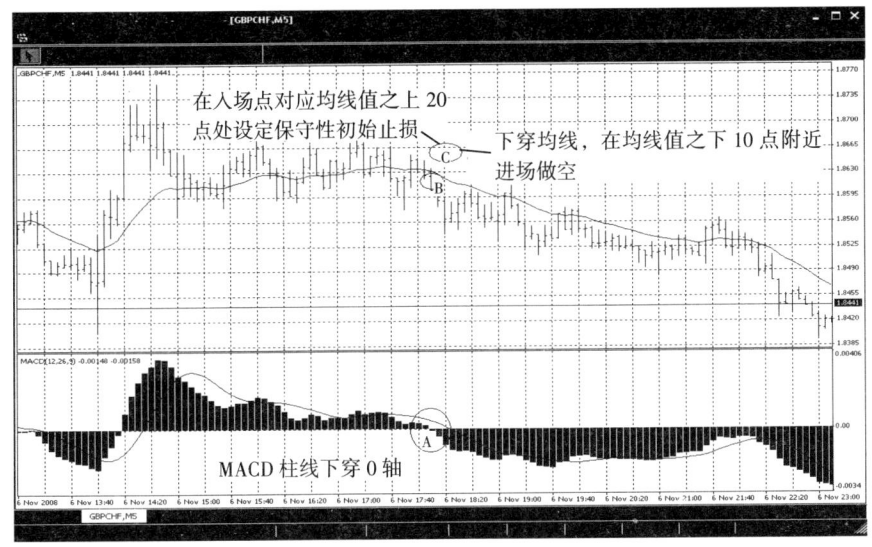

图 4-7-3

进场后汇价如我们预期一样，迅速下跌，于是很快我们就达到了了结一半头寸的位置也就是进场价位减去风险幅度得到的目标价位，如图 4-7-4 D 圈所示，于是我们让一半的利润落袋为安。

了结一半头寸的同时，我们将剩余空头头寸的止损移动到盈亏平衡点，如图 4-7-5 所示。我们将剩下一半空头头寸的止损点移动到 E 点处。

将剩余头寸的固定止损改到 E 点之后，汇价出现了差不多一个小时的盘整，如图 4-7-6 所示，在 F 圈处汇价反弹突破了 20 期指数移动平均线，虽然并没有超过 20 点，但是却触及了 E 点处的固定止损，于是整个头寸被了结。

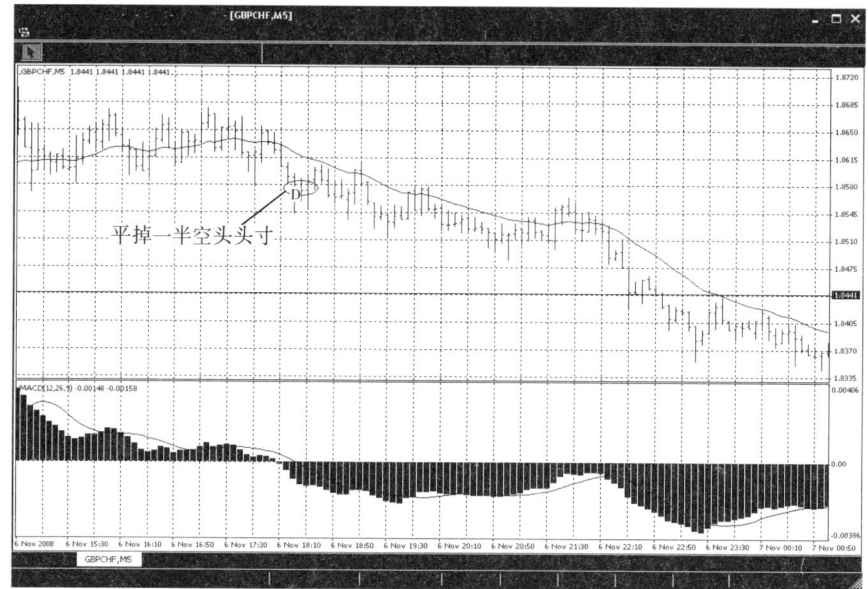

图 4-7-4

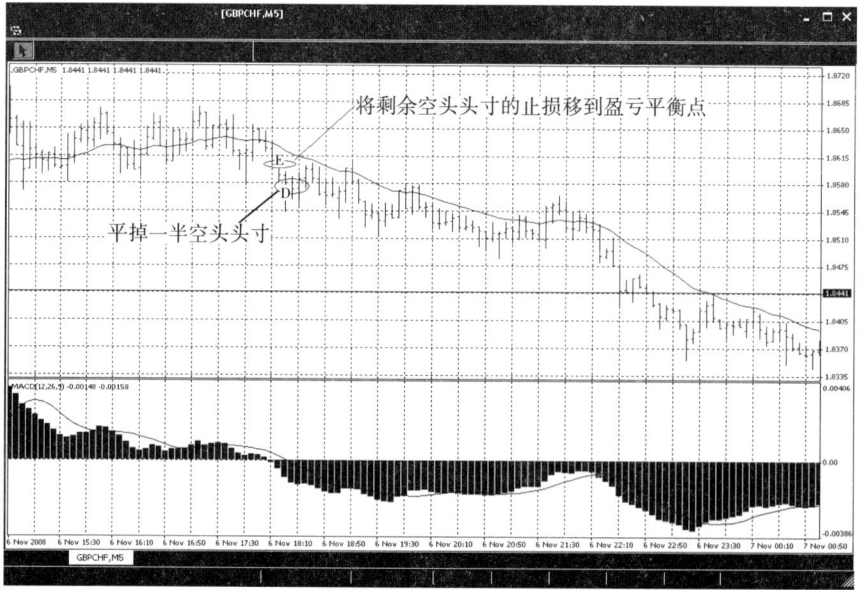

图 4-7-5

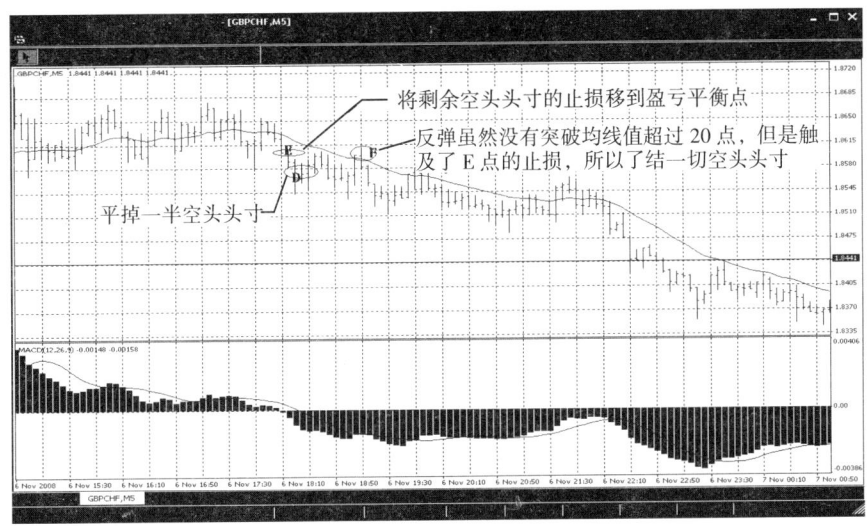

图 4-7-6

在上述这个交易中，我们需要注意的一点是，出场方式有三种：第一种是固定止损，比如初始固定止损和改动到 E 点的固定止损；第二种是达到特定盈利目标的出场，比如 D 点的获利了结；第三种则是突破移动均线出场，本例没有出现这种情况。

下面我们来看一个利用 5 分钟动量系统对英镑兑瑞士法郎进行做空交易的实例。请看图 4-7-7，我们在 5 分钟走势图上等待 MACD 柱线变负为正。如图 4-7-7 A 圈处所示，MACD 柱线从 0 轴下方上到 0 轴上方，这样我们就具备了进场做多的第一个条件。

现在我们来寻找进场做多的第二个条件，这就是 MACD 柱线上穿 0 轴之后（也可以是之前）25 分钟之内汇价必须上穿 20 期指数移动平均线。如图 4-7-8 所示，MACD 柱线上穿 0 轴的同时汇价上穿了 20 期指数移动平均线，于是我们在上穿的均线值之上 10 点左右进场做多，当然这个数字由交易者灵活掌握，实际交易中不可能那么准确，有时候为了把握住行情会适当放宽到 20 点左右。按照上述操作要领，我们在图 4-7-8 中的 B 圈附近入场做多。

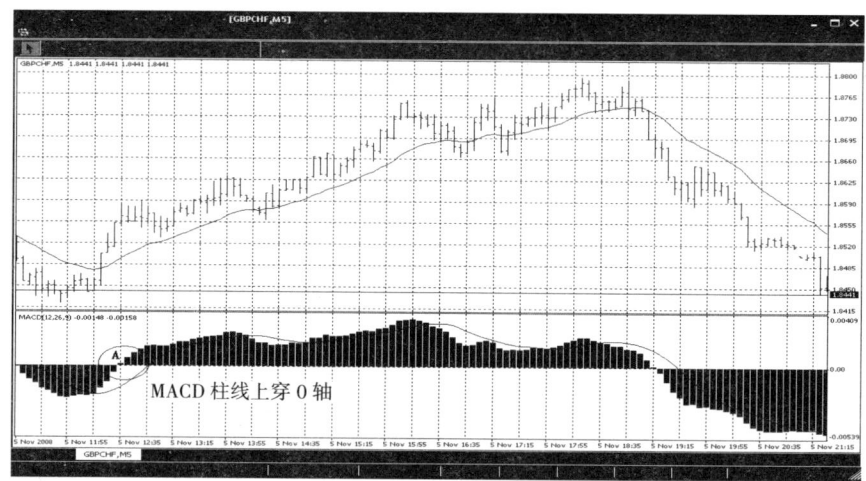

图 4-7-7

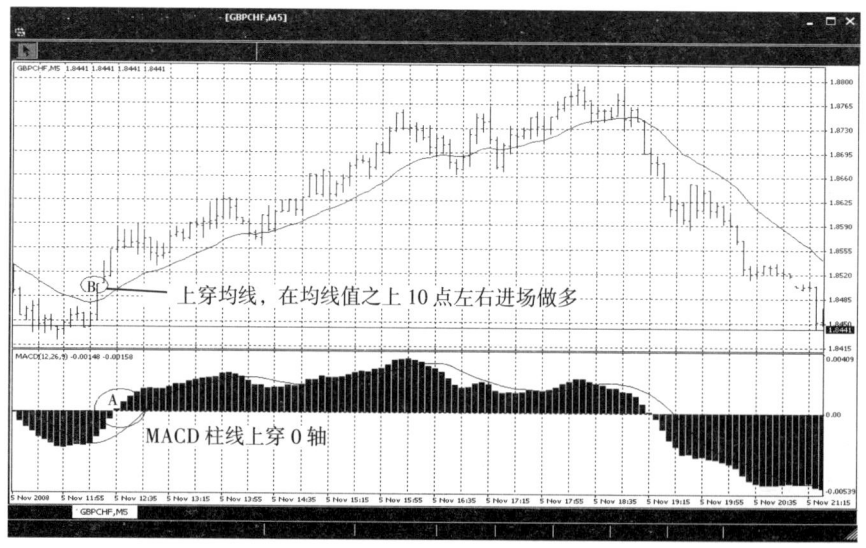

图 4-7-8

入场做多之后,我们需要在入场点之下设定保守性初始止损,如图 4-7-9 所示。在图 4-7-9 中 C 圈处我们设定止损,具体而言就是进场点对应的均线值之下 20 点设定止损。

进场之后,很快就有了斩获,汇价飙升后到了目标价位,如图 4-7-

10所示，于是我们在D圈处了结一半的英镑兑瑞士法郎多头头寸。

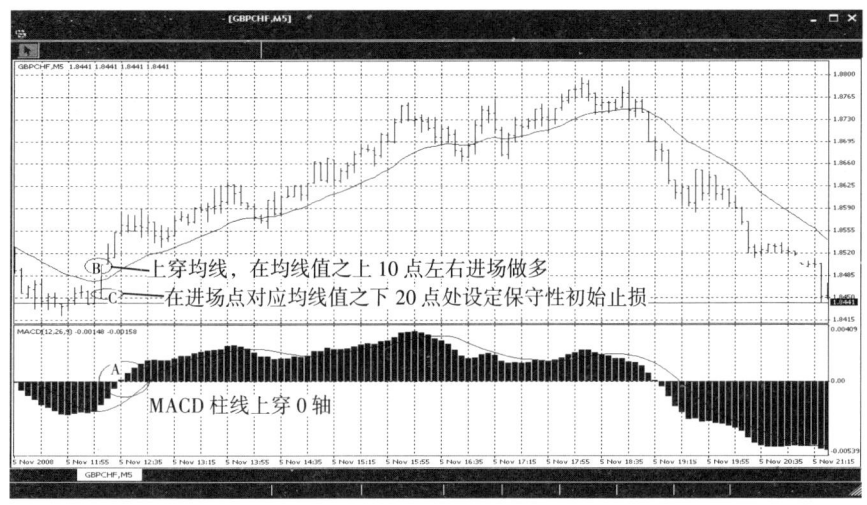

图 4-7-9

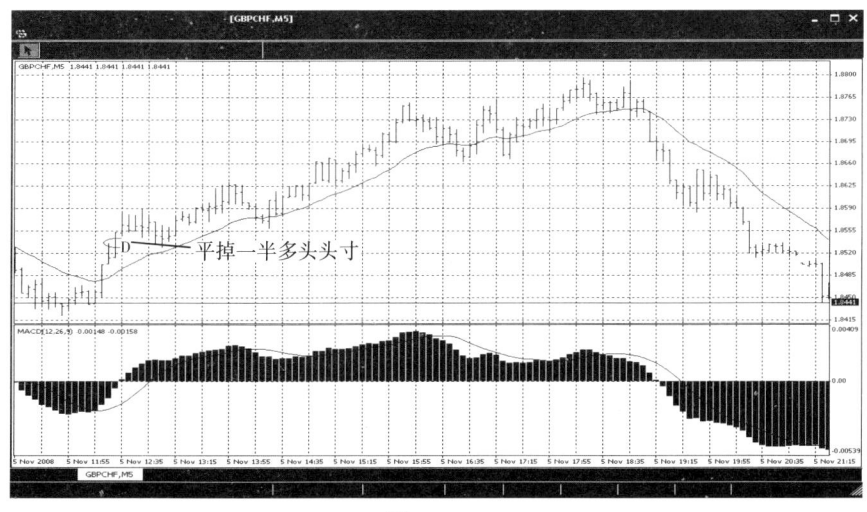

图 4-7-10

将一半利润落袋为安之后，我们迅速将剩余头寸的固定止损移动到盈亏平衡点，也就是图4-7-11中的E圈处。通过了结一半获利头寸，并将剩余头寸的止损缩小，我们在心理上获得了充分安全感，这就会给此后交易打下良好的基础。虽然从理论上讲交易绩效取决于方法，但是在实际交易操作中心理往往是起决定作用的。

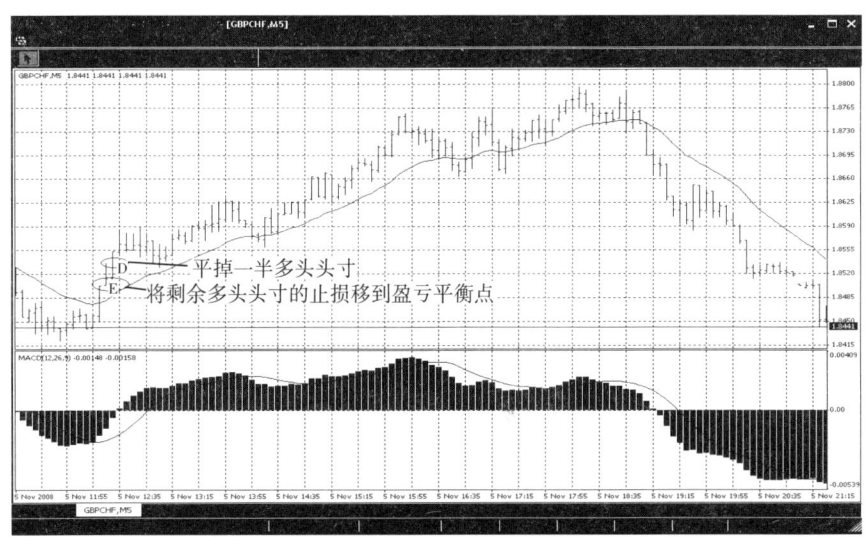

图 4-7-11

此后英镑兑瑞士法郎一路上扬，在 1.8625 附近遭受到一定的阻力，出现了回落走势，在图 4-7-12 的 F 点处跌破 20 期指数移动平均线，但

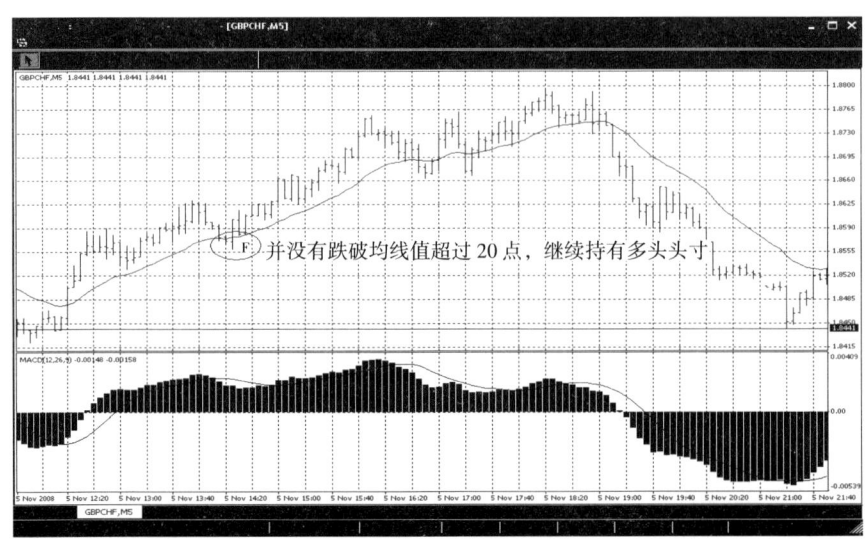

图 4-7-12

是跌破幅度并没有超过 20 点，于是我们继续持有剩下的多头头寸。

从 F 点回升之后，英镑兑瑞士法郎一路走高，一直到 1.8750 附近才出现深幅回落，如图 4-7-13 所示。在图 4-7-13 中 G 点处，汇价跌破了均线，跌破幅度超过了 20 点，于是我们结束剩下的多头头寸退出交易。

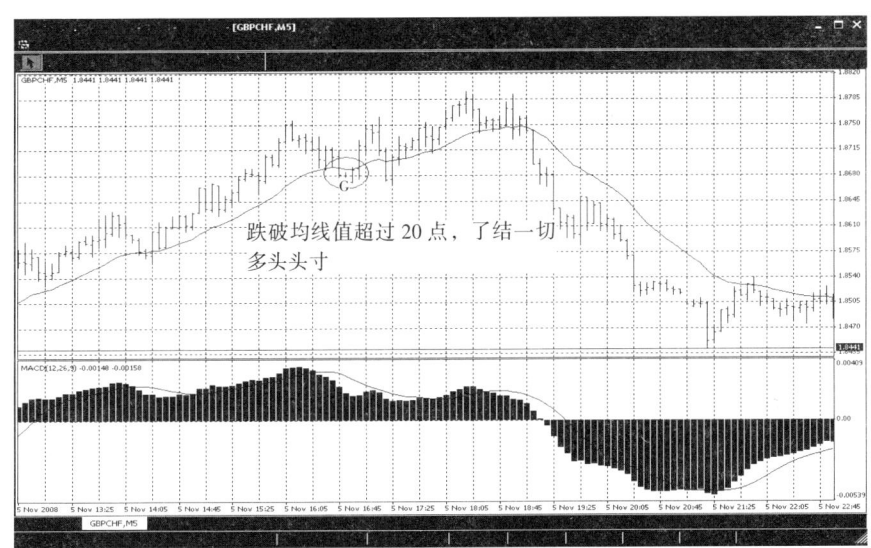

图 4-7-13

第五章 5分钟动量交易系统的具体黄金交易实例

能够进行外汇交易的平台往往也能够操作黄金,毕竟黄金也是一种货币,在正常情况下,黄金的走势与主要非美货币的走势呈正相关。一般而言,除了基本面分析存在差异之外,外汇交易和黄金交易的技术面交易是类似的,甚至可以说是一致的。5分钟动量交易系统并不是一套死板的方法,它可以用于除外汇以外更多的交易品种,黄金无疑是其中一种。在本章中,我们将完整地演示如何利用5分钟动量交易系统从事黄金短线买卖,希望大家能够因此受到启发,将5分钟动量交易系统推而广之,用于更多的交易品种。

本章我们将先简单介绍一下黄金的交易特性,"知己知彼,百战不殆"。要成为一个稳操胜券的外汇交易员就必须对自己的交易对象有足够的了解。任何一个真正在金融市场上持续盈利的技术交易者都不会相信"存在一种放之四海而皆准的具体交易系统"。任何技术系统都存在时间、空间和品种上的特定局限,要成为一个成功的交易员就必须意识到这种局限。具体到本章的内容,如果想要成功地交易黄金,就必须对黄金的根本属性有所了解。我们在本章的第一小节初步解决这个问题,不过真正要达到对黄金交易特点的深入掌握,必须依靠不断的交易实践。

任何交易的标的都有其特性,黄金也不例外,在本章的第二节,我们将对用于外汇市场的5分钟动量交易系统进行改装,使它能够适应黄金市场的特点。

在本章的第三节,我们将第二节介绍的黄金 5 分钟动量交易系统用于实际操作,通过具体的实例演示系统的用法。

第一节　非美货币——黄金

关天豪对黄金的交易并不多,因为他倾向于进行英镑交易,他认为需要把精力集中于少数领域,这样才能有所成就。不过,他也利用 5 分钟动量交易系统进行过一段时间的黄金交易,这段交易经历使得他倾向于将黄金当作一种非美货币,像欧元、英镑和日元一样。

第一,保证金黄金也是 24 小时交易,这与外汇保证金交易如出一辙,所以交易的时间使得黄金与货币一样具有全球性和全天候性。第二,保证黄金的杠杆与保证金外汇一样,也是 1:100 为主,也就是说放大 100 倍。第三,保证金黄金与外汇一样具有很强的流动性,这使得保证金黄金的价格走势非常连续,价格缺口极少,能够很好地控制风险和完成交易。就这些特点来看,5 分钟动量交易系统能够适用于黄金交易也是较为正常的事情。

不过,在利用 5 分钟动量交易系统操作黄金之前我们还是需要对黄金本身有基本的了解。严格来说,黄金的趋势都是由基本面决定的,重大的趋势由重要的基本面因素决定,低层次的趋势由低层次的基本面因素决定。具体而言,最大的黄金走势是由大国地缘政治经济动荡引发的,而较小的黄金走势则是由黄金商品消费引发的。

黄金的属性包括商品属性、投资属性和货币属性,其中对金价最有影响力的属性是货币属性,其次是投资属性,最后才是商品属性。

所以，要判断黄金价格的长期和重大走向，就必须以黄金的货币属性作为跟踪的核心；要研判黄金价格的中期和重要走向，就必须以黄金的投资属性作为跟踪的核心；要研判黄金价格的短期和次要走向，就必须以黄金的商品属性作为跟踪的核心。

表 5-1-1　黄金属性与研判矩阵

时间周期	属性	分析要点
黄金价格的长期走势	货币属性	注意信用本位的稳定性
黄金价格的中期走势	投资属性	注意股票为主的金融市场的走势，关注游资的流向
黄金价格的短期走势	商品属性	注意以印度为主的黄金消费的趋势，特别是季节性

资料来源：帝娜私人基金行为交易研究室。

黄金价格长期走势受制于其货币属性，这个"长期"不是一二十年，而是从布雷顿森林体系瓦解开始。如果你是一个像巴菲特一样有耐心的、坚定的投资者，则应该把视野放宽到 10 年以上，以黄金的货币属性作为分析的重点，这样你就不只是抓住一点蝇头小利而已。下面我们给出运用黄金属性分析黄金价格的要点。下表列出了黄金属性制约下的走势周期和分析要点。

黄金有三大基本属性，这是许多黄金交易者所忽视的，所以也导致了绝大多数黄金交易者亏损。在杠杆黄金的操作中，如果我们能够较为正确地使用上述矩阵来分析黄金走势，则肯定会比绝大部分交易者做得好。

欧元是最重要的非美货币，请看图 5-1-1，单从价格走势上都可以发现黄金兑美元的走势与欧元兑美元的走势高度正相关，这正是黄金作为非美货币的主要体现之一。

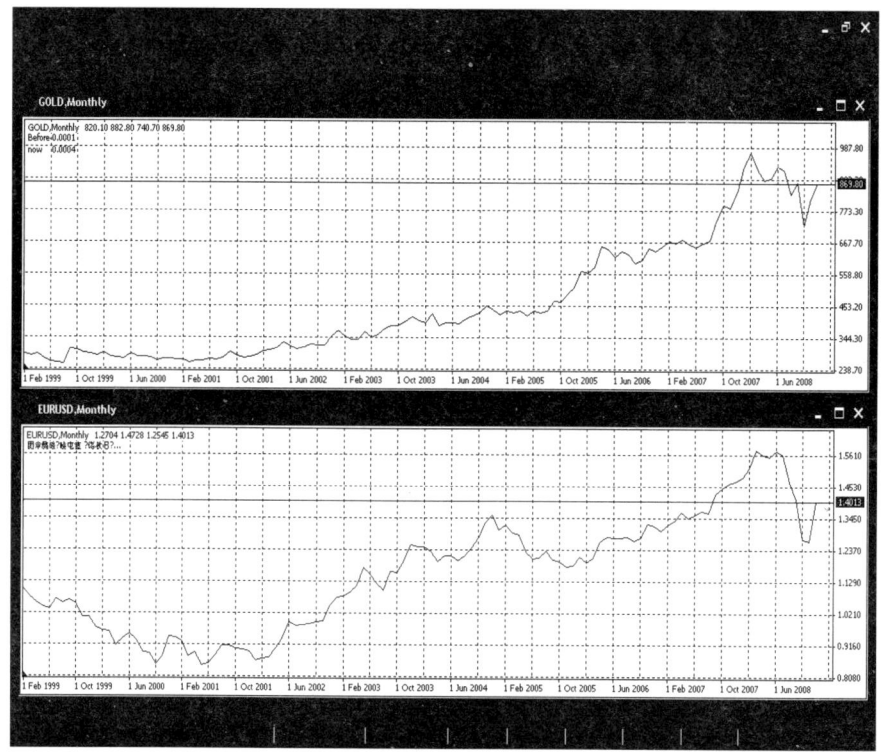

图 5-1-1

第二节　5分钟动量交易系统的黄金改良版

黄金的 5 分钟动量交易是一种短期趋势交易，在震荡实况中会出现假信号，为了过滤震荡行情，可以从三个方面入手：第一，在欧美时段交易；第二，根据黄金的三种属性即基本面的驱动因素大小来甄别行情，只在有基本面驱动的情况下交易；第三，根据波动率异动来甄别行情。

黄金 5 分钟动量交易系统在国际黄金 5 分钟走势图上寻找一个动量

爆发过程。首先，黄金交易者运用5分钟动量交易系统，也是在国际黄金行情图表上叠加上两个指标。第一个指标是20期移动平均线，具体而言是20期指数移动平均线。在前面我们已经介绍了指数移动平均线的计算原理和简单的使用方法。指数移动平均线给予较近时期以更高的权重，比起简单移动平均线具有更高的灵敏性，这使得指数移动平均线更适合把握短期的黄金动量运动。第二个指标是移动均线聚散指标，也就是通常所说的MACD指标。这个指标也是帮助我们度量金价动量大小的工具。我们采用MACD的默认设置，也就是一条均线采用参数12，另一条均线采用参数26，信号均线采用参数9，所有均线都采用收盘价格。整个黄金5分钟动量系统是由竹节线、EMA（20）、MACD（12，26，9）三个要素组成，如图5-2-1所示。

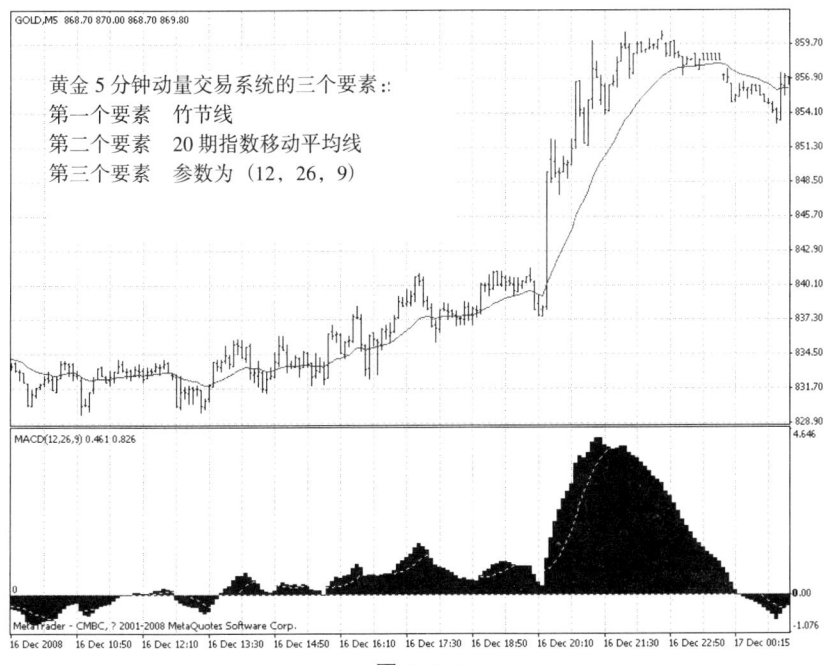

图 5-2-1

需要注意的一个要点是，黄金杠杆交易中的一个点是0.1，也就是说

图 5-2-2

金价波动 0.1 美元/盎司（见图 5-2-2），这与外汇存在区别，外汇走势中大多是 0.0001 为一个点。

5 分钟动量交易策略是等待一个黄金价格反转交易机会出现，同时要求这个机会获得动量支持时，交易者才进场。按照这个策略介入的黄金交易采用分步平仓的方法，具体而言是分两部分平仓。一个半仓位主要是帮助锁住利润，避免盈利交易变成亏损交易；另一个半仓位主要是在零风险的前提下帮助捕捉金价大的行情波动，让利润奔腾，为了做到这点我们会把初始止损移动到盈亏平衡点处。

我们先来看黄金 5 分钟动量交易策略的做多规则。第一，查看金价走势是否位于 20 期指数移动均线之下，同时 MACD 柱线位于 0 轴之下，也就是为负值；第二，等待金价上穿 20 期指数移动平均线，然后确认 MACD 柱线正在上穿或者上穿完成后正值柱线不超过 5 根；第三，在 20 期指数移动平均线上 10 个点处做多；第四，对于黄金激进交易者而言，将停损放置在 5 分钟走势图的波段低点处，对于保守黄金交易者而言，在 20 期移动平均线之下放置一个 20 点的停损；第五，当金价上升到进场价加风险时，平掉一半的多头头寸，同时将剩下一半持仓的停损移到盈亏平衡点处；第六，利用盈亏平衡点止损或者是 20 期指数移动平均线减去 15 点（或者 20 点）的跟进止损。

我们再来看黄金 5 分钟动量交易策略的做空规则。第一，查看金价走势是否位于 20 期指数移动平均线之上，同时 MACD 柱线位于 0 轴之上，也就是正值；第二，等待金价下穿 20 期指数移动平均线，然后确认 MACD 柱线正在下穿或者下穿完成后正值柱线不超过 5 根；第三，在 20 期指数移动平均线下 10 点做空；第四，对于激进黄金交易者而言，将停损放置在 5 分钟走势图的波段高点，对于保守黄金交易者而言，在 20 期移动平均线之上放置一个 20 点的停损；第五，当金价下降到进场点减去风险时，平掉一半空头头寸，同时将剩下一半持仓的停损移动到盈亏平衡点处；第六，利用盈亏平衡点止损或者 20 期指数移动均线加上 15 点（或者 20 点）的跟进止损。在下一节，我们将具体演示黄金 5 分钟动量交易系统的使用方法。

第三节　黄金的 m5 动量交易实例

本节我们以两个案例分别示范黄金 5 分钟动量交易的做空交易和做多交易，该方法的关键在于分仓和移动止损。一半仓位的报酬风险率为 1:1，另一半仓位的报酬风险率大于 1，报酬风险率为 1 的仓位主要靠大于 0.5 的胜率取胜，而报酬风险率大于 1 的仓位则要靠"让利润奔腾"取胜。任何系统的累计盈利水平都取决于报酬风险率和胜率，如果报酬率不够高,则需要依靠较高的胜率;相反,如果胜率不够高,则需要依靠较高的报酬率。运用 5 分钟动量交易系统的时候,我们也需要理解这个核心问题。下面我们就通过实际的例子来告诉大家如何利用 5 分钟动量交易系统进行黄金交易。

首先来看如何利用 5 分钟动量交易系统进行黄金做空交易,如图 5-3-1 所示。首先我们寻找 MACD 柱线由上向下穿越的时机,这个时候下跌动量已经具备,进场做空的第一个条件也就具备了。在短线交易中,动量是提高胜率的关键,乘着价格惯性进行交易,可以避免价格的反冲,这对于交易者维持一个稳定的交易心态也很重要。图 5-3-1 中 A 圈处,MACD 柱线由正值变为负值,进场做空黄金的第一个必要条件具备。

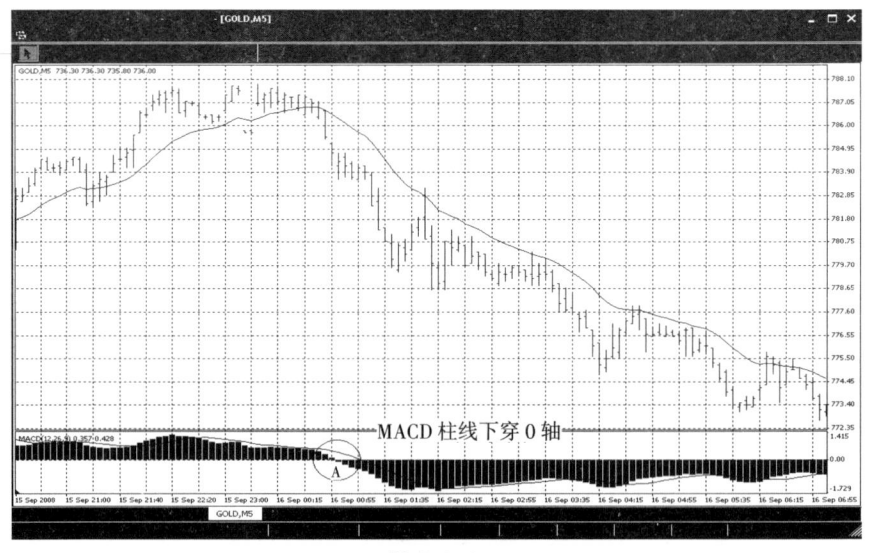

图 5-3-1

接着,我们再来查看 MACD 柱线下穿 0 轴时,金价有没有下穿 20 期指数移动平均线。这里需要提醒大家一点的是,所有的分析和交易都在黄金 5 分钟走势图上展开。如图 5-3-2 所示,在 MACD 柱线下穿 0 轴时,金价下穿了 20 期指数移动平均线,于是第二个进场做空的必要条件具备了。于是，我们在金价下穿 20 期指数移动平均线之下 10 点左右进场做空，也就是在图 5-3-2 中 B 处进场做空。

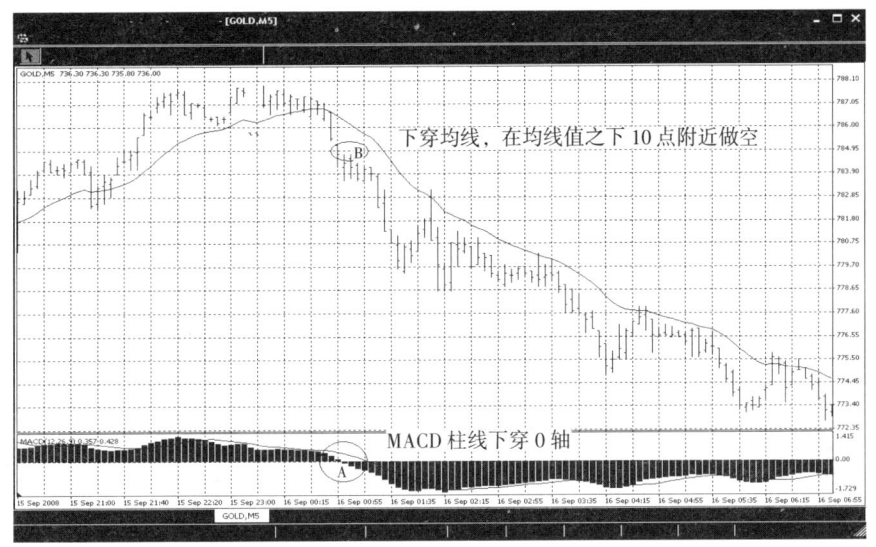

图 5-3-2

进场之后的第一要务是为我们在 B 处的空头头寸建立初始止损，这里我们采用保守性止损，也就是在进场点对应均线值之上 20 点处设定固定止损，如图 5-3-3 所示，在图 5-3-3 中 C 点处。在这个例子中，如果我们要设定较为激进的初始止损，则需要找到最近波段的高点，也就是 788.7 附近，在此之上 5 个点左右设定激进性初始止损。在本例中，保守性初始止损和激进性初始止损基本一致。

进场建立空头头寸之后，金价如预期一般大跌，我们在等风险幅度的盈利目标点，也就是图 5-3-4 中的 D 处平掉一半仓位，这部分仓位依靠高于 0.5 的胜率和 1∶1 的报酬风险率来累计利润。

对剩下一半仓位的风险报酬比，我们要做一些改变，因为行情发展到 D 点时，剩下一半仓位承受的风险较以前大了一倍，所以通过将剩余头寸的止损点由保守性初始止损移动到盈亏平衡点，可以将风险程度下

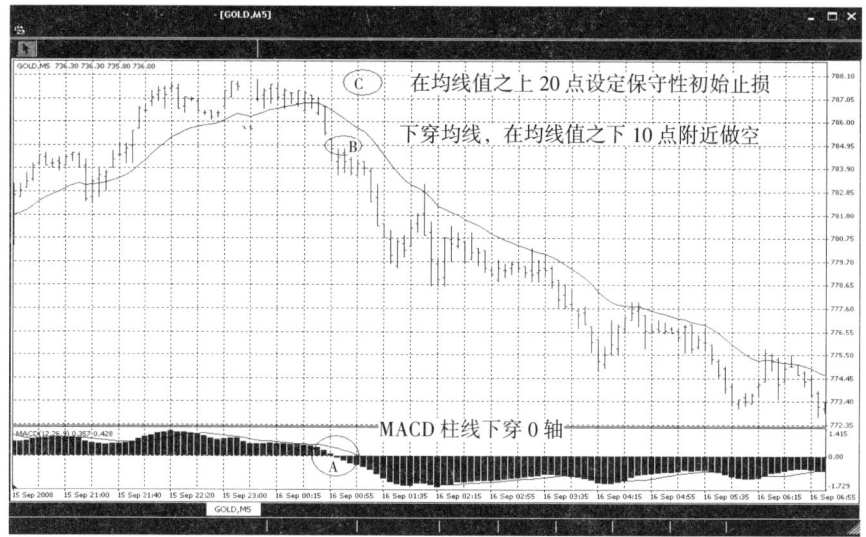

图 5-3-3

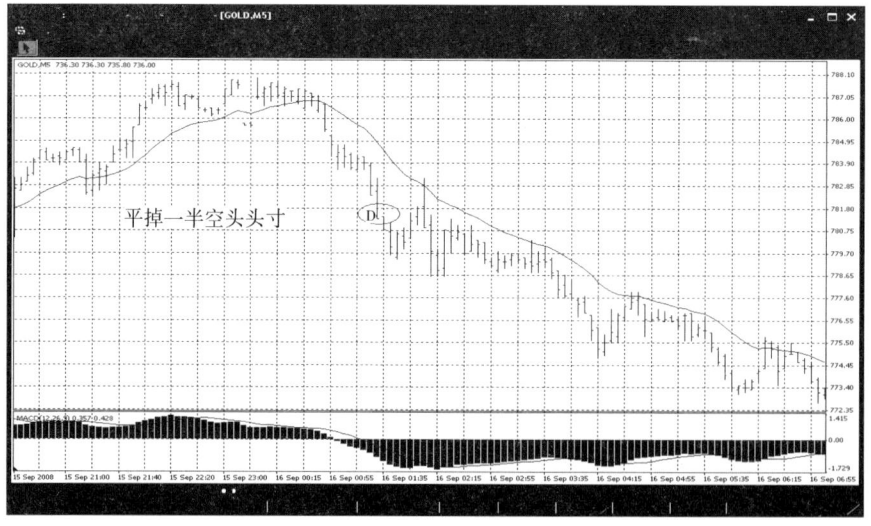

图 5-3-4

降到目前浮动盈利幅度，这就间接地提高了报酬风险率。如图 5-3-5 所示，将止损点移动到 E 点，通过移动止损点改变了风险报酬比。

第五章 5分钟动量交易系统的具体黄金交易实例

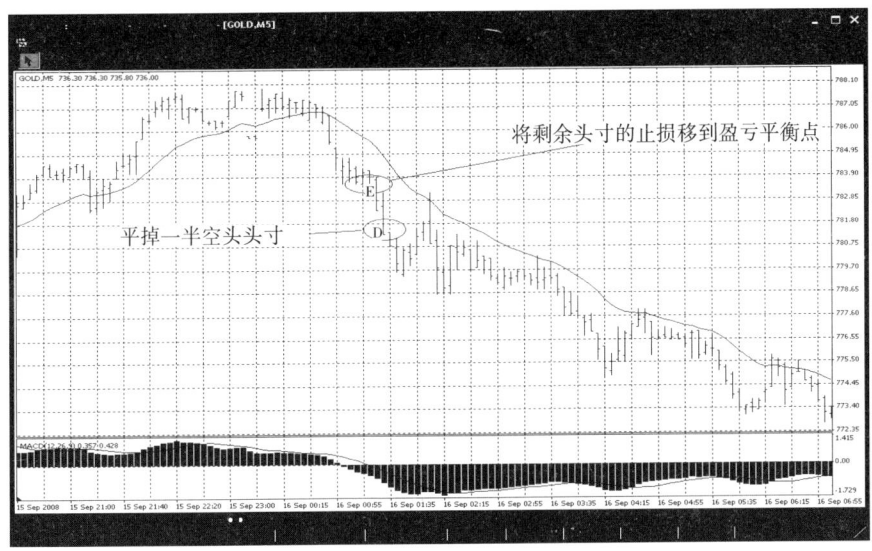

图 5-3-5

对于剩下的这一半空头头寸,我们采取双重止损,第一重止损是在 E 点的固定止损,第二重止损是 20 期指数移动平均线提供的跟进止损。如图 5-3-6 所示,通过移动后的 E 点和跟进的平均线,我们可以创造出令

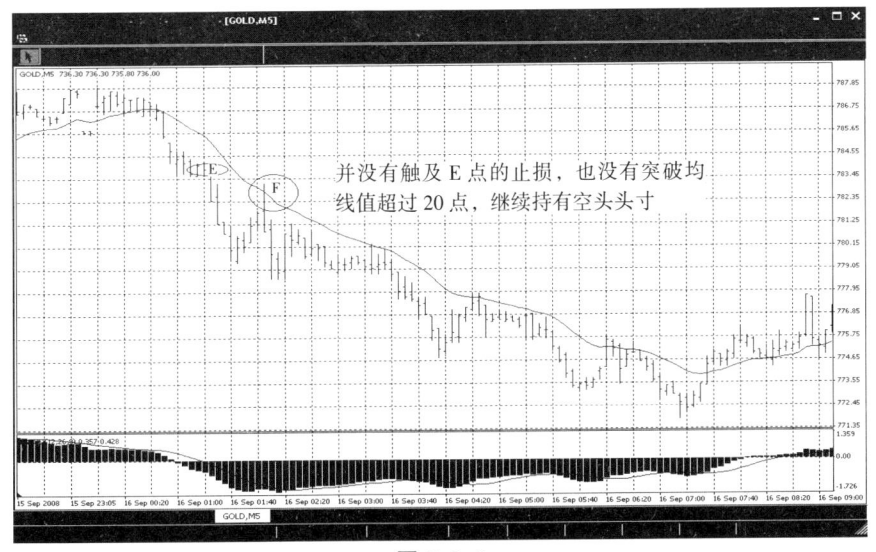

图 5-3-6

人满意的报酬风险率。此后,金价反弹突破 20 期指数移动平均线,但是并没有超过 20 点,同时也没有触及 E 点的止损,所以我们继续持有剩下的空头头寸。

金价一路下挫到 779 一线,然后展开长达两个小时左右的横盘,如图 5-3-7 所示。横盘期间,金价向上触及了 20 期指数移动平均线,我们需要查看是否达到退场的标准。金价向上突破均线并没有超过 20 点,所以我们有理由继续坚定持有空头头寸。

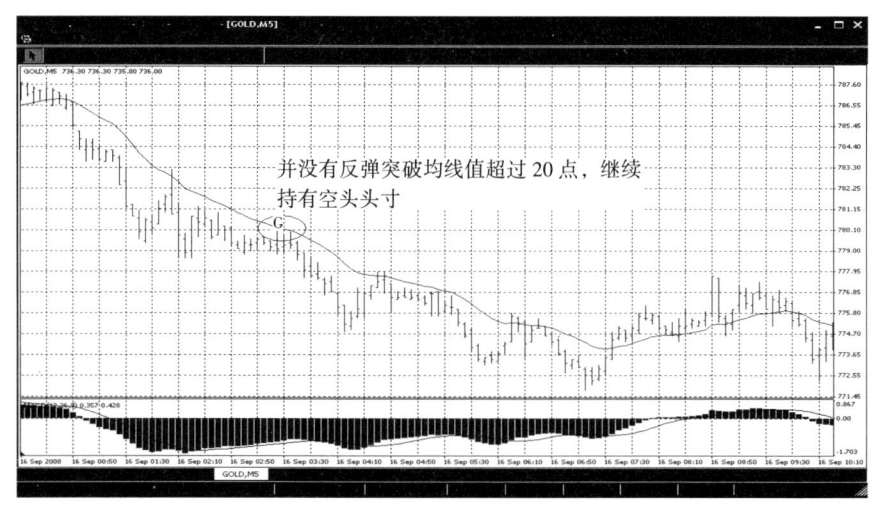

图 5-3-7

金价跌破 779 之后继续下落到 775 价位附近,此后展开 5 分钟走势图上的较大幅度反弹,如图 5-3-8 所示。金价在 777 附近触及 20 期指数移动平均线,但是突破幅度并没有超过 20 点,所以我们继续持有空头头寸。

金价从 777.9 大幅度下跌到 773.5,此时我们的空头头寸已经有了很丰富的账面盈利。金价很快从 773 价位上反弹,到图 5-3-9 中 I 点处突破 20 期指数移动平均线,但是并没有超过 20 点,所以我们继续持仓。

金价反弹结束后继续下跌到 772 价位,此后大幅反弹,如图 5-3-10 所示。最终因为突破 20 期指数移动平均线超过 20 点而出场。

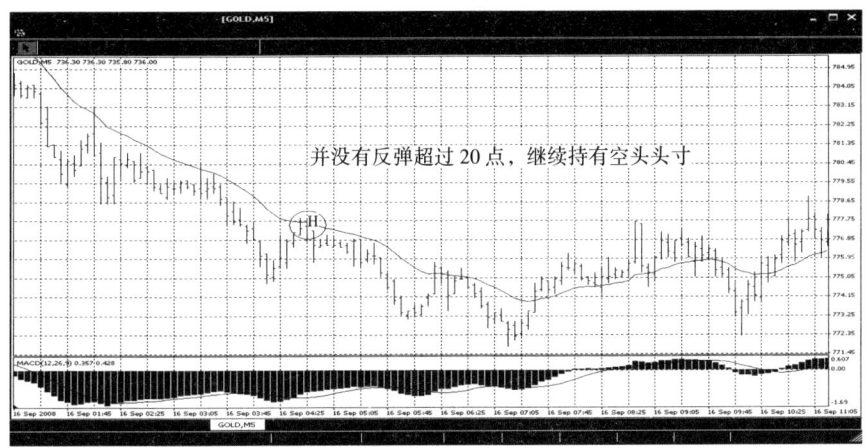

图 5-3-8

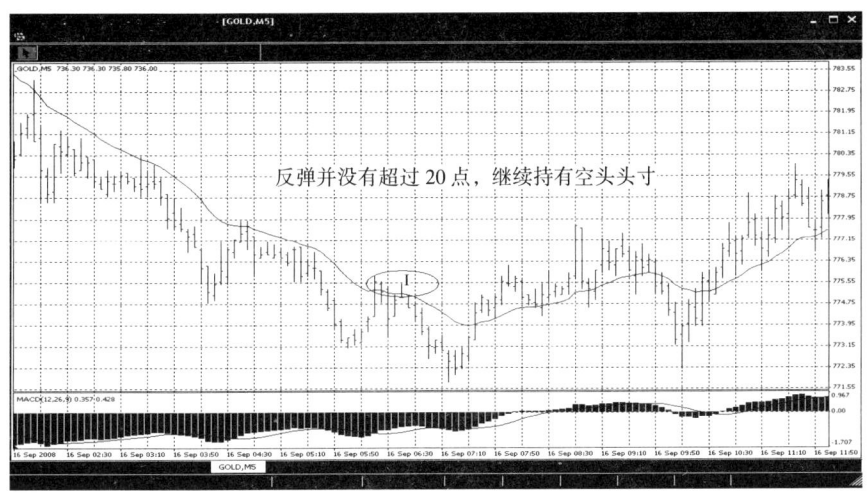

图 5-3-9

这个交易方法的核心在于严格按照步骤进行操作，同时要根据市场波动性和结构来确定具体的参数。一个成功交易者有两个特点：第一，善于利用统计方法分析市场的特性；第二，善于利用统计方法管理交易仓位。初始止损 20 点，利用参数为 20 的指数移动平均线，所有这些都是依据一定时间内市场的相对稳定性来确定的。

• 5分钟动量交易系统 •

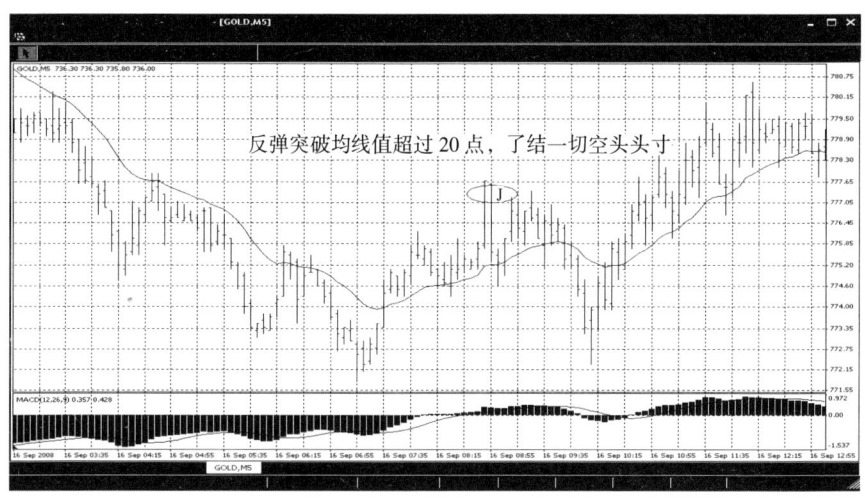

图 5-3-10

上面我们已经演示了一个利用 5 分钟动量交易系统进行黄金做空交易的例子,下面我们再介绍一个如何利用 5 分钟动量交易系统进行黄金做多交易的例子。如图 5-3-11 所示,这是国际黄金 5 分钟走势图。我们首先查看 MACD 柱线的走势,在这里因为我们是寻找做多机会,所以等

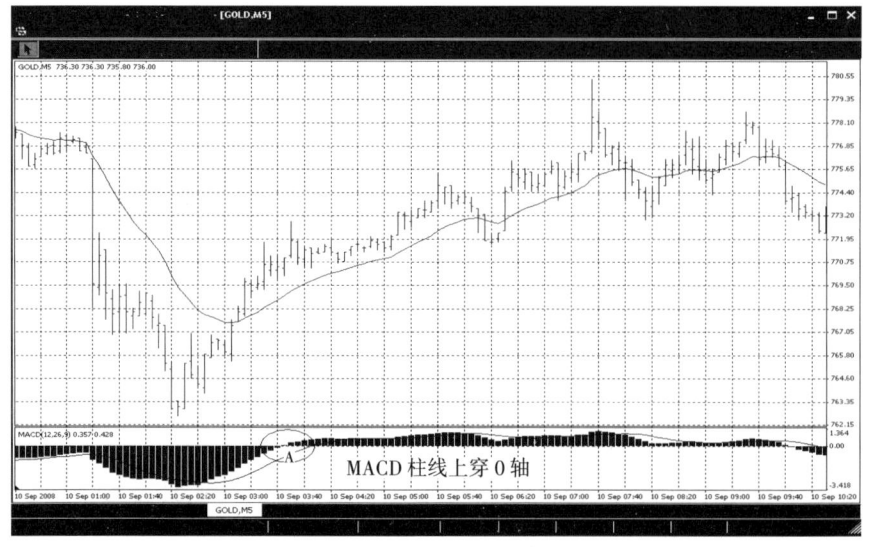

图 5-3-11

待 MACD 柱线空翻多的走势,具体而言就是从 0 轴以下翻转到 0 轴以上。如图 5-3-11 所示,在 A 圈处,MACD 柱线由 0 轴之下上升到 0 轴之上,于是我们进场做多的第一个要件满足了。

MACD 柱线上穿 0 轴代表金价上冲的动量具备了,这时候我们需要寻找来自趋势的支持,于是我们查看 20 期指数移动平均线和价格线之间的关系。如图 5-3-12 所示,在 MACD 柱线上穿 0 轴之后不久,价格线上穿了 20 期指数移动平均线,如图 5-3-12 中 B 点所示。MACD 柱线空翻多,同时金价上穿 20 期指数移动平均线,于是我们在金价上穿 20 期指数移动平均线之后,在上穿点之上 10 点附近的高度进场。

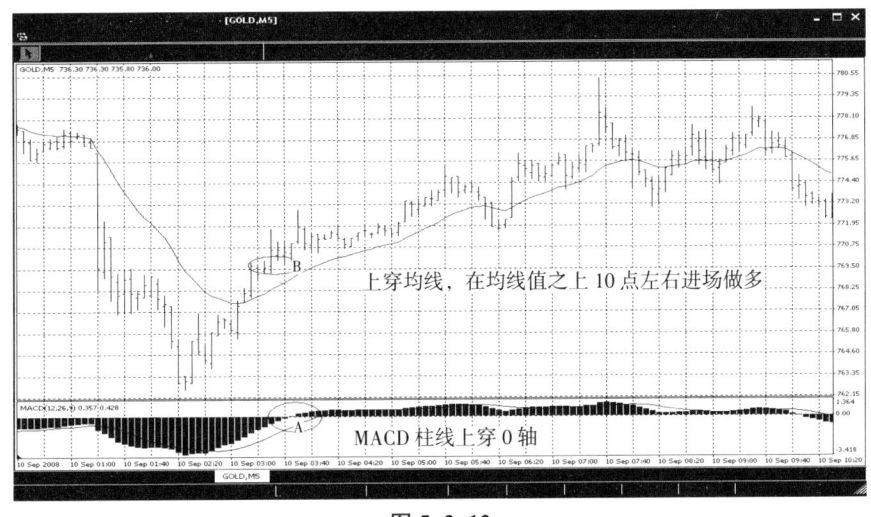

图 5-3-12

进场做多之后,立即要做的就是为头寸设定相应的止损,于是我们在进场点对应的 20 期指数移动平均线之下 20 点设定,如图 5-3-13 中的 C 点所示。

进场之后,金价如预期一样上升,如图 5-3-14 所示。于是,我们在目标价位处平掉一半多头头寸,具体而言也就是 D 点。这个目标价位与进场位置的距离大致等于进场位置与初始止损之间的距离。

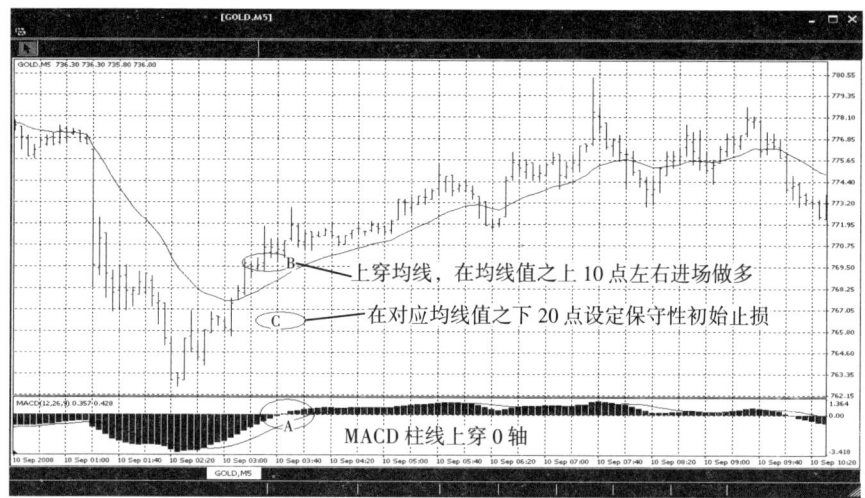

图 5-3-13

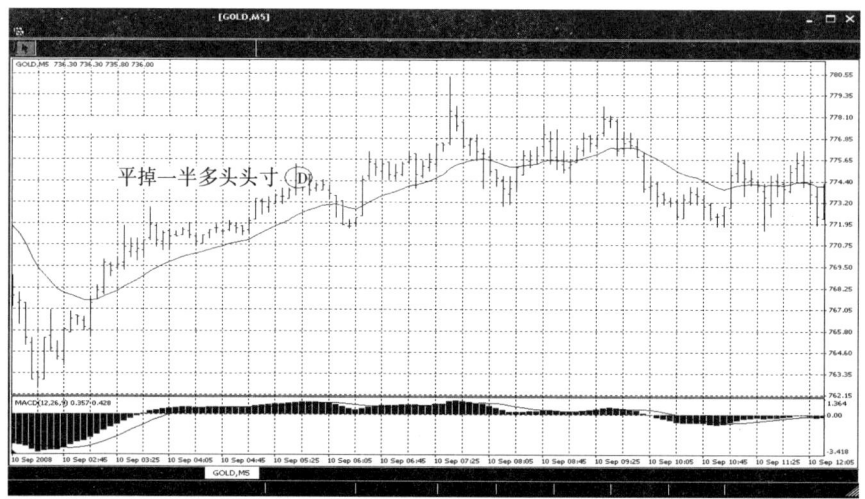

图 5-3-14

了结一半的多头头寸之后，我们需要改变剩下多头头寸的风险报酬率，所以我们将固定止损点由 C 点移动到图 5-3-15 所示的 E 点，如果移动之前这部分头寸的风险为 2 个单位；移动之后这部分头寸的风险则只有 1 个单位。移动止损可以更改风险报酬率情况。

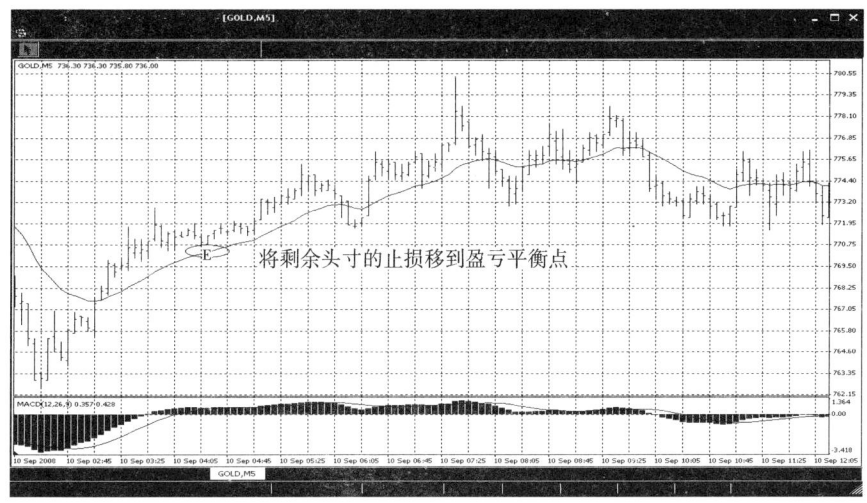

图 5-3-15

移动了固定止损之后,我们同时要利用 20 期指数移动平均线作为另外一个出场准绳。金价上升到 775.5 之后,出现了一定程度的回落,如图 5-3-16 所示,在 F 圈处,金价向上突破了 20 期指数移动平均线但是并没有超过 20 点,所以我们继续持有多头头寸。

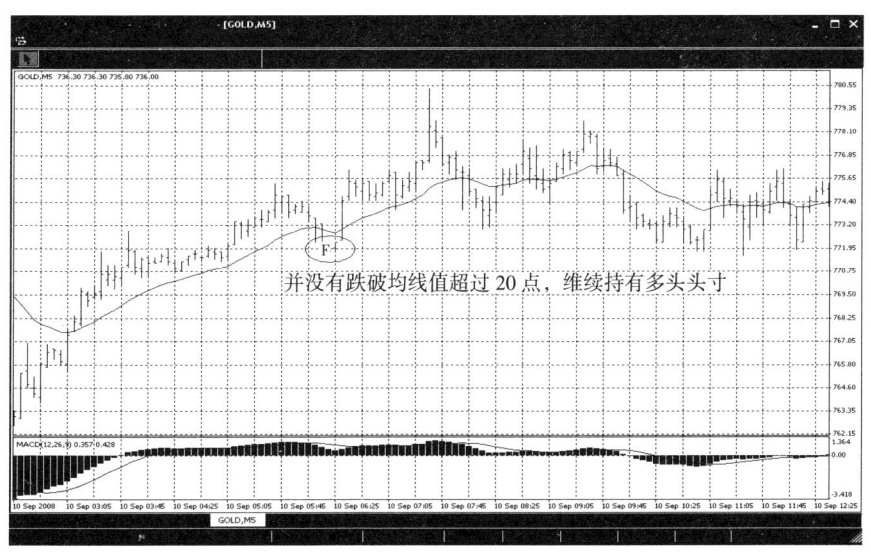

图 5-3-16

止跌之后，金价飙升到 780，不过很快下跌，如图 5-3-17 所示。在 G 圈处，跌破了 20 期指数移动平均线并超过了 20 点。于是，我们了结一切多头头寸，退出整个交易。

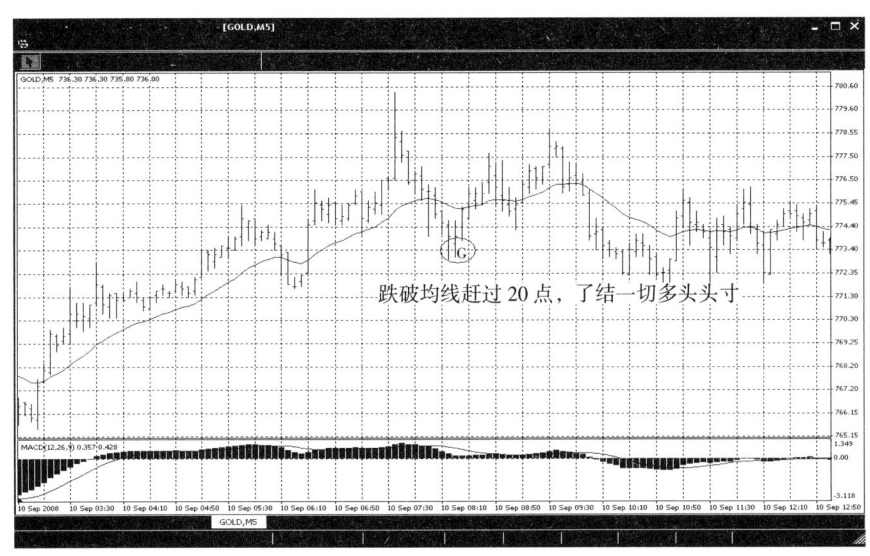

图 5-3-17

无论是什么交易品种，都应该有趋势，如果一个市场永远都在狭窄区间内震荡，很容易因这个特性而自然灭亡，因为任何一个交易者都能从这样的市场中获利。如果都是赢家，亏损的钱必然来自市场和经纪商，所以这样的市场必然会消亡。只有存在趋势的市场才能永远存在，我们这套系统就是针对市场趋势，更准确地说是短期内的市场趋势。没有任何方法是永恒的，只有方法之中的思想才可能永恒，希望大家不拘一格，能够从中形成有益自己的内容。

附录一 本书分析平台的官方使用指南和模板下载指南

一、MT4 平台官方最新版下载方法

登录 520FX 网站（www.520fx.com）进入"投资论坛"，点击顶部"MT4 最新版下载"，下载完成后进行安装即可。

二、520FX—及时雨 MT4 插件

插件介绍：

1. 界面模仿一般的大字行情页面
2. 内容

（1）大字行情报价；

（2）货币涨跌和振幅数据；

（3）直盘货币的短中线趋势；

（4）火线数据第一时间获得经济数据的公布情况；

（5）货币动态；

（6）会员交易策略。

3. 下载安装方法

登录520FX网站（www.520fx.com）点击首页左侧的"MT4插件—及时雨"，在出现的页面中点击下载插件。

下载解压后，按压缩包中的对应目录复制至对应MT4目录，打开任意新K线图形，选择"模板"中的"及时雨—基本面"模板即可。

三、5分钟动量交易系统（辅助提醒）

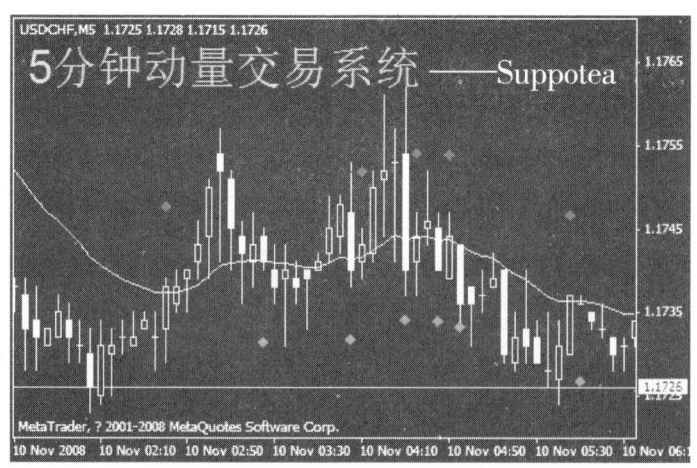

登录520FX网站（www.520fx.com）进入"投资论坛"，点击顶部"5分钟动量交易系统"，将下载的5分钟动量交易系统.ex4文件复制到MT4安装目录下的experts\indicators目录中，重新启动MT4软件，就可以在自定义指标中找到并使用本系统指标。

附录二 520X Strategy Builder 对本策略的初步测试报告

520X Strategy Builder 5 分钟动量交易系统

Account: 777102939				Name: 5 分钟动量交易系统				Currency: USD				2008 October 31, 17: 38	
Closed Transactions:													
Ticket	Open Time	Type	Size	Item	Price	S/L	T/P	Close Time	Price	Com-mission	Taxes	Swap	Profit
21552901	2008.10.19 17:47	balance	Deposit										50000.00
21553302	2008.10.19 22:00	sell	1.00	usdchf	1.1364	1.1514	0.0000	2008.10.20 08:00	1.1363	0.00	0.00	0.00	8.80
21572550	2008.10.20 00:00	buy	1.00	audjpy	70.54	69.04	0.00	2008.10.20 12:00	70.48	0.00	0.00	0.00	-59.00
21572654	2008.10.20 00:00	buy	1.00	audusd	0.6949	0.6799	0.0000	2008.10.21 16:00	0.6799	0.00	0.00	0.10	-1500.00
21572744	2008.10.20 00:00	buy	1.00	chfjpy	89.48	87.98	0.00	2008.10.21 06:43	87.98	0.00	0.00	3.27	-1477.40
21618025	2008.10.20 04:00	buy	1.00	eurusd	1.3460	1.3310	0.0000	2008.10.20 14:51	1.3310	0.00	0.00	0.00	-1500.00
21618148	2008.10.20 04:00	buy	1.00	eurchf	1.5270	1.5120	0.0000	2008.10.21 00:00	1.5333	0.00	0.00	2.21	548.21
21618192	2008.10.20 04:00	sell	1.00	usdcad	1.1829	1.1979	0.0000	2008.10.20 15:47	1.1979	0.00	0.00	0.00	-1252.08
21676586	2008.10.20 08:00	buy	1.00	usdchf	1.1363	1.1213	0.0000	2008.10.21 04:01	1.1503	0.00	0.00	0.88	1217.07
21742305	2008.10.20 12:00	sell	1.00	eurjpy	136.46	137.96	0.00	2008.10.21 08:00	134.26	0.00	0.00	-25.37	2172.84

5分钟动量交易系统

Account: 7777102939　　Name: 5分钟动量交易系统　　Currency: USD　　2008 October 31, 17:38

续表

Closed Transactions:

Ticket	Open Time	Type	Size	Item	Price	S/L	T/P	Close Time	Price	Commission	Taxes	Swap	Profit
21742773	2008.10.20 12:00	sell	1.00	audjpy	70.48	71.98	0.00	2008.10.20 21:22	71.98	0.00	0.00	-21.94	-1471.60
21848472	2008.10.20 16:00	buy	1.00	audcad	0.8347	0.8197	0.0000	2008.10.21 00:00	0.8371	0.00	0.00	-2.41	201.39
22207973	2008.10.21 16:00	sell	1.00	chfjpy	86.68	88.18	0.00	2008.10.22 00:00	86.81	0.00	0.00	-15.92	-129.68
22208120	2008.10.21 16:00	sell	1.00	gbpusd	1.6836	1.6986	0.0000	2008.10.24 17:33	1.5877	0.00	0.00	-72.00	9590.00
22208220	2008.10.21 16:00	sell	1.00	eurusd	1.3102	1.3252	0.0000	2008.10.22 08:00	1.2866	0.00	0.00	-6.50	2360.00
22411204	2008.10.22 04:00	buy	1.00	usdchf	1.1604	1.1454	0.0000	2008.10.22 20:00	1.1631	0.00	0.00	0.00	232.14
22411315	2008.10.22 04:00	sell	1.00	nzdusd	0.6020	0.6170	0.0000	2008.10.24 17:33	0.5593	0.00	0.00	-48.00	4270.00
22646367	2008.10.22 13:17	buy	1.00	audcad	0.8448	0.8298	0.0000	2008.10.23 00:00	0.8341	0.00	0.00	-7.23	-851.30
22708811	2008.10.22 16:00	sell	1.00	usdjpy	98.63	100.13	0.00	2008.10.23 00:00	97.75	0.00	0.00	-41.13	900.26
22769935	2008.10.22 20:00	sell	1.00	audjpy	65.20	66.70	0.00	2008.10.23 16:00	65.01	0.00	0.00	-65.82	194.63
22770098	2008.10.22 20:00	buy	1.00	euraud	1.9230	1.9080	0.0000	2008.10.23 20:17	1.9080	0.00	0.00	0.00	-1011.30
22905205	2008.10.23 04:00	buy	1.00	audusd	0.6602	0.6752	0.0000	2008.10.23 16:00	0.6658	0.00	0.00	-4.40	-560.00
23131521	2008.10.23 16:00	sell	1.00	usdchf	1.1623	1.1773	0.0000	2008.10.24 16:00	1.1656	0.00	0.00	-4.40	-283.12
23209074	2008.10.23 20:00	buy	1.00	audjpy	64.62	63.12	0.00	2008.10.24 02:35	63.12	0.00	0.00	2.30	-1559.09
23284980	2008.10.24 00:00	sell	1.00	gbpchf	1.8799	1.8949	0.0000	2008.10.24 16:00	1.8469	0.00	0.00	0.00	2831.16
23944351	2008.10.24 16:00	buy	1.00	usdchf	1.1656	1.1506	0.0000	2008.10.24 17:33	1.1643	0.00	0.00	0.00	-111.66
24060428	2008.10.26 22:00	sell	1.00	audnzd	1.1047	1.1197	0.0000	2008.10.27 03:32	1.1197	0.00	0.00	0.00	-834.15
24124065	2008.10.27 00:00	buy	1.00	eurusd	1.2625	1.2475	0.0000	2008.10.27 07:12	1.2475	0.00	0.00	0.00	-1500.00
24376839	2008.10.27 08:00	sell	1.00	eurusd	1.2444	1.2594	0.0000	2008.10.28 18:52	1.2594	0.00	0.00	-6.50	-1500.00
24503751	2008.10.27 12:00	buy	1.00	usdcad	1.2907	1.2757	0.0000	2008.10.27 20:00	1.2882	0.00	0.00	0.00	-194.07
24503859	2008.10.27 12:00	sell	1.00	eurchf	1.4417	1.4567	0.0000	2008.10.27 16:00	1.4416	0.00	0.00	0.00	8.64

附录二　520X Strategy Builder 对本策略的初步测试报告

续表

Account: 777102939　　　　Name: 5分钟动量交易系统　　　　Currency: USD　　　　2008 October 31, 17:38

Closed Transactions:

Ticket	Open Time	Type	Size	Item	Price	S/L	T/P	Close Time	Price	Com-mission	Taxes	Swap	Profit
24504148	2008.10.27 12:00	sell	1.00	usdchf	1.1595	1.1745	0.0000	2008.10.28 04:00	1.1611	0.00	0.00	-4.40	-137.80
24705021	2008.10.27 20:00	sell	1.00	usdcad	1.2882	1.3032	0.0000	2008.10.30 08:00	1.1915	0.00	0.00	-13.40	8115.82
24705099	2008.10.27 20:00	sell	1.00	audusd	0.6038	0.6188	0.0000	2008.10.28 00:00	0.6055	0.00	0.00	-11.30	-170.00
24705119	2008.10.27 20:00	sell	1.00	nzdusd	0.5415	0.5565	0.0000	2008.10.28 07:37	0.5565	0.00	0.00	-12.00	-1500.00
24766051	2008.10.28 00:00	buy	1.00	audusd	0.6055	0.5905	0.0000	2008.10.29 04:00	0.6379	0.00	0.00	0.10	3240.00
24766170	2008.10.28 00:00	buy	1.00	chfjpy	80.62	79.12	0.00	2008.10.28 08:00	81.25	0.00	0.00	0.00	666.52
24766237	2008.10.28 00:00	buy	1.00	audjpy	56.47	54.97	0.00	2008.10.31 17:37	65.66	0.00	0.00	11.50	9329.00
24766412	2008.10.28 00:00	buy	1.00	gbpchf	1.7977	1.7827	0.0000	2008.10.28 16:00	1.8099	0.00	0.00	0.00	1050.63
25048853	2008.10.28 12:00	buy	1.00	audnzd	1.1306	1.1156	0.0000	2008.10.29 00:00	1.1271	0.00	0.00	-13.95	-201.77
25243089	2008.10.28 20:00	sell	1.00	usdchf	1.1566	1.1716	0.0000	2008.10.31 17:37	1.1589	0.00	0.00	-22.00	-198.46
25759491	2008.10.29 16:00	sell	1.00	euraud	1.9226	1.9376	0.0000	2008.10.29 18:31	1.9376	0.00	0.00	0.00	-994.80
25905563	2008.10.29 20:00	buy	1.00	audusd	0.6711	0.6561	0.0000	2008.10.30 08:00	0.6858	0.00	0.00	0.30	1470.00
25955545	2008.10.30 00:00	buy	1.00	usdjpy	97.58	96.08	0.00	2008.10.31 17:37	98.50	0.00	0.00	2.84	934.01
25955603	2008.10.30 00:00	buy	1.00	eurjpy	126.44	124.94	0.00	2008.10.30 12:00	128.81	0.00	0.00	0.00	2404.62
25955985	2008.10.30 00:00	buy	1.00	eurusd	1.2959	1.2809	0.0000	2008.10.30 15:53	1.2809	0.00	0.00	0.00	-1500.00
26081386	2008.10.30 04:00	buy	1.00	gbpusd	1.6592	1.6442	0.0000	2008.10.30 09:55	1.6442	0.00	0.00	0.00	-1500.00
26081613	2008.10.30 04:00	buy	1.00	gbpchf	1.8673	1.8523	0.0000	2008.10.31 17:37	1.8826	0.00	0.00	4.96	1320.56
26565229	2008.10.31 04:00	sell	1.00	euraud	1.9057	1.9207	0.0000	2008.10.31 06:23	1.9207	0.00	0.00	0.00	-998.70
26563340	2008.10.31 04:00	buy	1.00	audcad	0.8177	0.8027	0.0000	2008.10.31 06:36	0.8027	0.00	0.00	0.00	-1234.16
26817188	2008.10.31 16:00	sell	1.00	gbpusd	1.6154	1.6304	0.0000	2008.10.31 17:37	1.6253	0.00	0.00	0.00	-990.00
										0.00	0.00	-365.81	27846.16

续表

Open Trades:

Ticket	Open Time	Type	Size	Item	Price	S/L	T/P	Price	Com-mission	Taxes	Swap	Profit
					No transactions							

Closed P/L: 27480.35

Working Orders:

Ticket	Open Time	Type	Size	Item	Price	S/L	T/P	Market Price				
					No transactions							

Floating P/L: 0.00

Summary:

Deposit/Withdrawal:	50000.00	Credit Facility:	0.00		
Closed Trade P/L:	27480.35	Floating P/L:	0.00	Margin:	0.00
Balance:	77480.35	Equity:	77480.35	Free Margin:	77480.35

Details:

Balance chart: 77148, 70542, 63935, 57329, 50722, 44115 (x-axis: 0, 2, 4, 6, 8, 9, 11, 13, 15, 17, 19, 21, 23, 25, 27, 29, 31, 33, 36, 38, 40, 42, 44, 46, 48, 50)

附录二 520X Strategy Builder 对本策略的初步测试报告

续表

Gross Profit:	52814.46	Gross Loss:	25334.11
Profit Factor:	2.08	Expected Payoff:	549.61
Absolute Drawdown:	4295.82	Maximal Drawdown:	4471.81 (7.15%)	Relative Drawdown:	8.61% (4304.62)
Total Trades:	50	Short Positions (won %):	24 (41.67%)	Long Positions (won %):	26 (46.15%)
		Profit Trades (% of total):	22 (44.00%)	Loss trades (% of total):	28 (56.00%)
Largest		profit trade:	9518.00	loss trade:	-1556.79
Average		profit trade:	2400.66	loss trade:	-904.79
Maximum		consecutive wins ($):	3 (1967.35)	consecutive losses ($):	4 (−4304.62)
Maximal		consecutive profit (count):	13740.00 (2)	consecutive loss (count):	−4304.62 (4)
Average		consecutive wins:	1	consecutive losses:	2

注：上述测试的参数与本书有差别，因为书中中的策略不能完全机械化，所以测试时有所改动，本测试仅作为参考。

附录三　本书增加部分：免费外汇交易编程课程指南

MQL 智能交易及指标编程授课活动

主办单位：www.520fx.com

背　　景：

520FX 致力于 MT4 交易平台的客户端使用及自助编程服务，应广大投资者的要求，现开始进行 MT4 编程视频系列授课活动。

当前外汇黄金现货交易市场是与国际联动交易的市场，理性的分析以及独特的理念对投资者有着巨大的帮助作用。同时，不断借鉴前人的分析理论和编程方法，有助于投资者实现全自动或半自动市场分析。针对特定条件下的自动交易也包含在 MT4 编程的范畴内。

随着国际上越来越多的自动分析、自动交易爱好者和实践者的出现，如何推动中国自动分析和自动交易基础，营造互助分享的编程环境变得十分迫切。在这样的前提下，520FX 率先以独立研究单位的身份，公开为广大交易编程爱好者提供入门及中高级交易编程技巧培训，希望能为中国交易编程环境的营造和改善发挥作用。

报名条件：

（1）注册并拥有 UC 账号，知道如何加入 UC 聊天室以及聊天室的基本功能使用。

（2）对 MT4 使用熟练。

（3）能保证每期准时听课。

（4）按时完成每期课后作业，并将完成的作业公布在 520FX 论坛。

（5）善于总结，及时将听课感想及学习到的技巧公布在 520FX 论坛，以便其他人参考。

历史授课录像观看地址：

www.520fx.com"财经多媒体"栏目。

MQL 交易编程授课安排：

一、系统认识篇

1. MT4 编程的技术基础和应注意的细节
2. MT4 编程可达到的目的和方法
3. 自编指标和自编 EA 的误区

二、金融概念篇

1. K 线的构成和动态特点
2. 历史测试的特点和误区
3. 点差、滑点、数据公布情况的深刻认识
4. 肉眼和实际的距离有多远

三、指标认识篇

1. 未来函数的意义和识别
2. 指标的作用：点和趋势

3. 指标的局限性和误区

四、EA 认识篇

1. EA 的执行逻辑

2. EA 的错误提示和处理

3. EA 的条件引用

五、编程基础篇

（一）MQL 语言从入门到精通

1. 类型

2. 操作符

3. 逻辑运算；数学运算；循环

4. 函数和过程

5. 日期运算

6. 指标和 EA 的基本框架逻辑和运行原理

（二）指标实例讲解

（三）EA 实例讲解

（四）逻辑结构的设计和优化

（五）交易细节的程序处理

六、编程高级篇

1. 移动止损的程序实现

2. 多仓位持仓的实现和分辨

3. 挂单的实现和分辨

4. 自动平仓

5. 单子唯一性识别

6. 文件的 EA 应用

7. DLL 的 EA 应用

8. 全局变量的应用

9. 历史单的查询和应用技巧

附录四　读者对 5 分钟动量交易系统的实测结果

520fx 论坛上的咕咕顺发表了一个对 5 分钟动量交易系统的实测结果。

从星期一到星期五测试了 5 天，基本上是按照书上所讲的来操作，除了星期五晚上乱做了几下，之前都是按书上所说操作的，一周盈利 307 点。另外，平仓一半后我采用了自动追踪止损，没有按照书上所说的方法，那样太累，要一直盯盘。

我都是在下午和晚上波动大的时段做的，这样可以避免太多假信号。

Gross Profit：609.00 Gross Loss：302.00 Total Net Profit：307.00

Profit Factor：2.02 Expected Payoff：8.77

Absolute Drawdown：0.00 Maximal Drawdown：98.00（14.26%）Relative Drawdown：14.26%（98.00）

Total Trades：35 Short Positions（won %）：14（64.29%）Long Positions（won %）：21（85.71%）

Profit Trades（% of total）：27（77.14%）Loss trades（% of total）：8（22.86%）

Largest profit trade：87.00 loss trade：−56.00

Average profit trade：22.56 loss trade：−37.75

Maximum consecutive wins（$）：10（211.00）consecutive losses（$）：2（-72.00）

Maximal consecutive profit（count）：211.00（10）consecutive loss（count）：-72.00（2）

Average consecutive wins：5 consecutive losses：1

Account: 16209		Name: Qin Hua						Currency: USD			2009 May 8, 19:42		
Closed Transactions:													
Ticket	Open Time	Type	Size	Item	Price	S/L	T/P	Close Time	Price	Commission	Taxes	Swap	Profit
4266102	2009.05.08 16:01	buy	0.10	eurusd	1.3487	1.3455	1.3515	2009.05.08 17:26	1.3455	0.00	0.00	0.00	-32.00
4266053	2009.05.08 15:59	buy	0.10	eurusd	1.3495	1.3455	1.3515	2009.05.08 17:26	1.3455	0.00	0.00	0.00	-40.00
4265303	2009.05.08 15:39	sell	0.10	eurusd	1.3479	1.3514	1.3441	2009.05.08 15:49	1.3476	0.00	0.00	0.00	3.00
4265066	2009.05.08 15:36	buy	0.10	eurusd	1.3504	0.0000	0.0000	2009.05.08 15:39	1.3478	0.00	0.00	0.00	-26.00
4264691	2009.05.08 15:34	buy	0.10	eurusd	1.3475	0.0000	0.0000	2009.05.08 15:34	1.3482	0.00	0.00	0.00	7.00
4263968	2009.05.08 14:05	buy	0.10	eurusd	1.3418	1.3419	1.3484	2009.05.08 15:31	1.3419	0.00	0.00	0.00	1.00
4262868	2009.05.08 14:05	buy	0.10	eurusd	1.3418	1.3419	1.3484	2009.05.08 15:25	1.3443	0.00	0.00	0.00	25.00
4261444	2009.05.08 12:20	sell	0.20	eurusd	1.3399	1.3420	1.3331	2009.05.08 14:05	1.3417	0.00	0.00	0.00	-36.00
4257251	2009.05.08 06:45	buy	0.20	eurusd	1.3369	1.3359	1.3386	2009.05.08 07:15	1.3369	0.00	0.00	0.00	0.00
4245577	2009.05.07 15:50	sell	0.20	eurusd	1.3370	1.3362	1.3318	2009.05.07 15:56	1.3362	0.00	0.00	0.00	16.00
4245257	2009.05.07 15:42	buy	0.10	eurusd	1.3341	1.3347	1.3388	2009.05.07 15:48	1.3388	0.00	0.00	0.00	47.00
4244744	2009.05.07 15:42	buy	0.10	eurusd	1.3341	1.3347	1.3388	2009.05.07 15:47	1.3373	0.00	0.00	0.00	32.00
4233006	2009.05.07 09:09	sell	0.20	eurusd	1.3284	1.3284	0.0000	2009.05.07 11:39	1.3283	0.00	0.00	0.00	2.00
4232264	2009.05.07 08:05	sell	0.20	eurusd	1.3285	1.3307	1.3207	2009.05.07 08:45	1.3307	0.00	0.00	0.00	-44.00
4231237	2009.05.07 06:05	sell	0.10	eurusd	1.3295	1.3310	0.0000	2009.05.07 07:45	1.3303	0.00	0.00	0.00	-16.00
4221378	2009.05.06 16:54	sell	0.10	eurusd	1.3313	1.3310	1.3207	2009.05.06 18:37	1.3310	0.00	0.00	0.00	3.00
4220333	2009.05.06 16:54	sell	0.10	eurusd	1.3313	1.3307	0.0000	2009.05.06 17:21	1.3283	0.00	0.00	0.00	30.00
4217737	2009.05.06 15:05	buy	0.10	eurusd	1.3321	1.3327	0.0000	2009.05.06 16:45	1.3327	0.00	0.00	0.00	6.00
4216884	2009.05.06 15:05	buy	0.10	eurusd	1.3321	1.3329	0.0000	2009.05.06 15:16	1.3351	0.00	0.00	0.00	30.00
4216256	2009.05.06 14:32	sell	0.20	eurusd	1.3285	1.3317	1.3212	2009.05.06 14:52	1.3313	0.00	0.00	0.00	-56.00
4210895	2009.05.06 08:51	buy	0.10	eurusd	1.3279	1.3303	1.3379	2009.05.06 12:51	1.3303	0.00	0.00	0.00	24.00
4209273	2009.05.06 08:51	buy	0.10	eurusd	1.3279	1.3279	1.3379	2009.05.06 10:17	1.3309	0.00	0.00	0.00	30.00
4197624	2009.05.05 18:33	buy stop	0.20	eurusd	1.3379	1.3351	0.0000	2009.05.05 18:57	1.3375				cancelled
4197653	2009.05.05 18:36	sell stop	0.20	eurusd	1.3343	1.3370	0.0000	2009.05.05 18:46	1.3370				cancelled
4197610	2009.05.05 18:32	buy stop	0.20	eurusd	1.3378	0.0000	0.0000	2009.05.05 18:33	1.3367				cancelled
4197585	2009.05.05 18:31	buy stop	0.10	eurusd	1.3375	0.0000	0.0000	2009.05.05 18:31	1.3363				cancelled
4196494	2009.05.05 16:55	sell	0.10	eurusd	1.3385	1.3364	0.0000	2009.05.05 18:08	1.3364	0.00	0.00	0.00	21.00
4195107	2009.05.05 16:55	sell	0.10	eurusd	1.3385	1.3378	0.0000	2009.05.05 17:40	1.3357	0.00	0.00	0.00	28.00
4193556	2009.05.05 14:58	buy	0.10	eurusd	1.3403	1.3406	1.3559	2009.05.05 16:25	1.3406	0.00	0.00	0.00	3.00
4192115	2009.05.05 14:58	buy	0.10	eurusd	1.3403	1.3406	0.0000	2009.05.05 15:51	1.3431	0.00	0.00	0.00	28.00
4189374	2009.05.05 11:36	buy	0.10	eurusd	1.3364	1.3367	1.3482	2009.05.05 12:59	1.3367	0.00	0.00	0.00	3.00
4187694	2009.05.05 11:36	buy	0.10	eurusd	1.3364	1.3339	0.0000	2009.05.05 12:30	1.3390	0.00	0.00	0.00	26.00
4184868	2009.05.05 06:25	sell	0.10	eurusd	1.3381	1.3354	0.0000	2009.05.05 11:19	1.3354	0.00	0.00	0.00	27.00
4182743	2009.05.05 06:25	sell	0.10	eurusd	1.3381	1.3391	0.0000	2009.05.05 09:21	1.3360	0.00	0.00	0.00	21.00
4182762	2009.05.05 06:26	sell	0.20	gbpusd	1.4995	1.5030	0.0000	2009.05.05 07:33	1.5021	0.00	0.00	0.00	-52.00
4172674	2009.05.04 16:19	buy	0.10	eurusd	1.3260	1.3347	0.0000	2009.05.04 18:29	1.3347	0.00	0.00	0.00	87.00
4172629	2009.05.04 16:06	buy	0.10	gbpusd	1.4889	1.4938	0.0000	2009.05.04 17:12	1.4938	0.00	0.00	0.00	49.00
4172106	2009.05.04 16:19	buy	0.10	eurusd	1.3260	1.3262	0.0000	2009.05.04 16:44	1.3281	0.00	0.00	0.00	21.00
4171780	2009.05.04 16:06	buy	0.10	gbpusd	1.4889	1.4860	0.0000	2009.05.04 16:43	1.4928	0.00	0.00	0.00	39.00

附录五　筛选机会

读者张杰在 520fx 论坛上发表了一篇短文"【经验交流】想用 5 分钟交易系统的可以来看看",对于使用本系统的人非常有价值,现收录如下。

首先我先列举一下该系统的要点:

1. 开仓的两个要点:K 线穿均线和 MACD 的正负变化,有一个细节在于 MACD 上穿完成后正值柱线不超过 5 根。

按照该方案的设置,均线肯定是走在 MACD 的前面,而 K 线更是走在均线前面,那要出现这样的情况只有一种可能:K 线先是穿过了均线,诱导 MACD 柱线缩短,然后 K 线突然反向打回去,最后再次上穿,由于 MACD 反应很慢,这个时候可能已经转正了。

结论:(1)5 根柱线就是 25 分钟,换言之要求在 25 分钟内完成开仓的两个条件,由此证明动能强大。

(2)在这种假想情况中,你可以看见一个 K 线组合,即突破—折返—再次突破。

质疑:开仓条件可以简化:做多就是买价大于均线后 25 分钟内 MACD 柱线上穿,空单同理。

2. 开仓的位置:书上写得很清楚——10 个点处,意思就是你必须在 10 个点处进场,千万不要觉得价格高了,等它回一下再买。其实这里强调的是一个 STOP 的买入方式,它是对于动量的再次确认,可以帮你过滤不少虚假信号,如果是错误的信号,大部分会因为动量不足而无法触发。

3. 仓位控制:仓位控制的想法是不错的,也就是按照长期交易胜率接近50%的思路,中途盈利减仓使得这部分盈利与亏损单持平,而剩余盈利单则是你的盈利点。

但我要说:实施起来很难。

按照书上的思路,实际止损 = 10 点(开仓价)+ 20 点(止损)≈ 30 点。

当盈利30点的时候减仓一半,赚15点,只有止损的一半,而剩余半仓的收益,很有可能小于15点,这样实际盈亏比没有达到1∶1,如果胜率低于50%,这个方式会亏损。

这要求你在长期交易时要筛选的机会是:50点以上!30点的时候减仓一半,赚15点,算上点差,剩下一半必须是汇价均价达到50点左右的时候,移动止损才能跟上,这是盈亏持平。

这里提供一个思路供大家探讨:当盈利大于20点的时候平保,同时启动均线跟踪控制,中途的减仓不应机械地跟踪控制,而是应根据5分钟级别的压力位来减仓(见下图)。

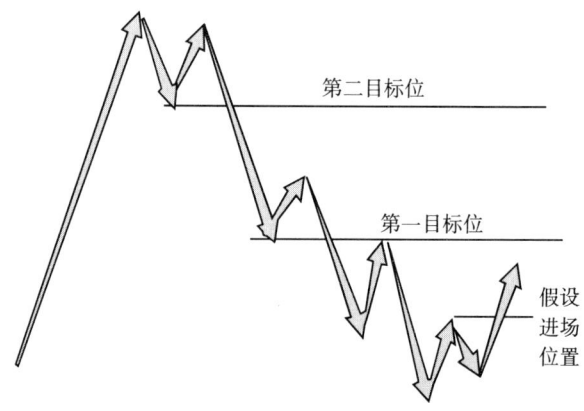

最后请记住:功夫在外汇之外。5分钟只是众多进场方式的一种,它主要还是在于趋势跟随,我也说了,你要去找盈利大于50点的,你用这个系统盈利的可能才比较大,那么你肯定要去筛选符合的币种。

如果寄望于挂EA,那就是"找死"。我也在尝试用这个EA,在这里说一下用法:

（1）合理的时间段：下午 3~5 点，晚 8~10 点，就这两个时间段挂，如果没有交易，那就说明今天没机会。

（2）要选币种：看市场的热点是什么、市场的观点是什么。

（3）看该币种的趋势和形态还有位置：如 H4 是什么趋势，M30 上找到支撑压力位去预判交易的空间是否能够大于 50，若小于就别做了。

附录六　5分钟动量交易系统的期货和股市优化版

有一位名为"猪一样的青年"的读者将5分钟动量交易系统运用于中国期货市场和股市，并进行了卓有成效的改进，下面是他的全文。

该系统的核心理念来自关天豪老师《5分钟动量交易系统》一书，大概介绍一下就是：利用5分钟K线与EXPMA20均线的上穿或下穿，同时配合MACD交叉来进行交易的一个系统。原书中的系统是应用于外汇和贵金属交易中的，并且是根据MT4软件编译的。我看了一下，发现它其实更加适用于某些期货品种，就花了点时间将其编译到期货软件中使用，并对系统进行了一些个人经验上的补充。真是一个人身兼"程序猿"+"攻城狮"+操盘手数职啊！

我个人认为，成熟的交易系统就是宏观概率上的胜利，需要不停地以小成本来做试探，捕捉大趋势行情，这点可能在日线图中的波段交易系统中体现得更加具体一些。但要注意两点：

（1）无论是成功率多高、盈利多稳定的系统，都不可能完全不造成损失，这就是为什么总是要设置止损条件。你如果要找个理由骗自己，你可以认为目前的亏损都会变成以后的盈利，这是"盈亏同源"的理念。关于交易之"道"我以后再详谈。

（2）能否获得最后的成功，还要看个人的执行能力，看他能在多大程度上战胜恐惧与贪婪，缺乏执行力的交易系统就是几行代码罢了，甚至会造成不小的亏损。

下面进入正题了，我所使用的期货看盘（交易）软件是文华财经的赢智程序化交易软件，部分规则与测试使用的期货品种是螺纹钢1405。先给大家看一下大概的成果。

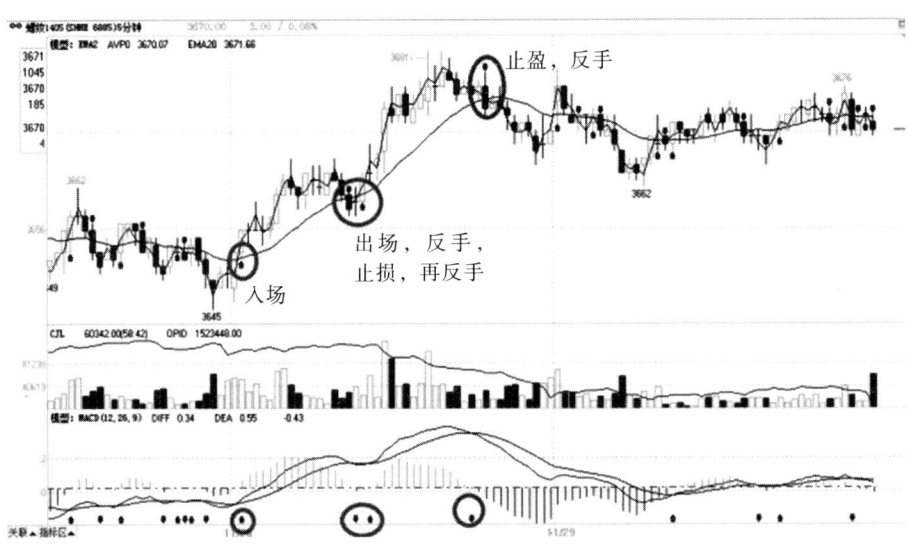

我这里选取的是一段上升的趋势，只是为了简单地展示一下，真正交易当然没这么简单，特别是在震荡的时候，当你面对连续几次的止损—反手—再止损时，就要考验你的执行能力和心理承受能力了。

接下来说一下这个系统的交易规则，代码会在后面放出。

入场条件：

（1）EMA指标和MACD指标同时发出买入或者卖出的信号，两个信号的时间差在5根5分K线内都视为有效。

（2）入场点位与EMA20均线的点位不能超过10个点（都是以螺纹钢1405为例，不同品种有不同的点数）。

（3）做多时的那一根K线必须是阳线，做空时的那一根须是阴线。

（4）刚开盘时，第一根5分K线不做，第二根仍符合以上条件时可做。

（5）收盘前15分钟不再开新单。

（6）以5分K线的收盘价下单。

止损条件：

（1）开仓点位的上/下8个点左右的亏损点位。

（2）动态止损点（下文会说如何设置）。

止盈条件：

（1）"开仓位置与均线的距离"+7个点，平仓一半，然后调整止损点位到"一开始建仓的点位"+1点。

（2）剩下半仓，直到出现趋势发转/反手时再平仓。

（3）跌到动态止损点时平仓。

（4）反向脱离EMA20线7个点时平仓。

（5）收盘前平掉所有头寸。

举个例子，现在RB1405的点位是3665，EMA20均线的点位是3660，出现做多信号，那么就在3665处做多，止损放在3665-8=3657，第一个止盈位置是3665-3660=5，5+7=12，3665+12=3677。行情运行到3677的时候，平仓一半，然后止损点位放在3665+1=3666，剩下半仓继续等行情。

我手动使用了RB1405在11月的行情来进行测试，每次开单都是2手，一共进行了34次交易，成功盈利22笔，成功率是67.4%，扣除手续费后的盈利是2370元，对于2手6700的保证金来说，11月的收益率是35.3%。总的来说，算是不错了。如果更加灵活地运用资金，收益率也许会更加可观。

后来发现，该系统在日线图上也有一定的价值，但对于期货来说，日线级别的止损比较难设置，不过如果是用在股票上来确认入场点和止损点，倒有不错的效果。股票我用了龙净环保2013年4月以来的行情做测试（2012年12月4日起的那波涨幅就不统计了），数量是100手，除权后也是100手，2013年初22.3元的股票，年底盈利是2275元，但未扣除相关费用，就算扣除后，收益率至少也有 80% 以上。下面两张图是我最近比较看好的安洁科技和银邦股份的入场点，现在已经涨起来了，而且在 IPO 压力之下的后续行情也不好说，不建议任何人追入。

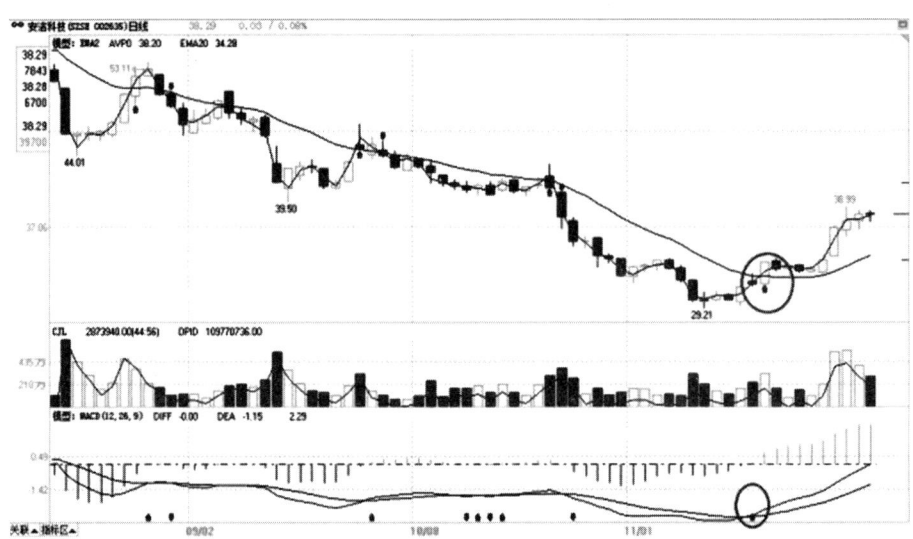

最后给出文华的代码：

AVP0：AVPRICE；

EMA20：EMA2（CLOSE，20）；

CROSS（AVP0，EMA20），BPK；

CROSS（EMA20，AVP0），SPK；

AUTOFILTER；